Comment ça fonctionne ?

Les avions

Piccolia

COMMENT ça FONCTIONNE ?

Les avions

Steve Parker
Illustrations : Alex Pang

Piccolia

REMERCIEMENTS

Illustrations : Rocket Design

Crédits photographiques :
Alamy : 30 Emil Pozar III
Aviation Images : 32 M Wagner
Corbis : 17 Aero Graphics, Inc. ; 21 Bettmann ; 23 Hulton-Deutsch Collection ; 25 Antonio Cotrim/epa ; 29 Handout/Reuters
Fotolia : 9 Charles Shapiro ; 13 Igor Zhorov
Getty Images : 36 Johnny Green
Rex Features : 6 Jonathan Hordle ; 7 Hugh W. Cowin ; 15 C.WisHisSoc/Everett ; 27
Autres pages : iStockphoto.com

WWW.EDITIONS-PICCOLIA.FR

5, rue d'Alembert
91240 Saint-Michel-sur-Orge
Dépôt légal : 3e trimestre 2012
Loi n°49-956 du 16 juillet 1949
sur les publications destinées à la jeunesse.
Imprimé en Chine.

Imprimé sur papier issu de forêts gérées durablement.

SOMMAIRE

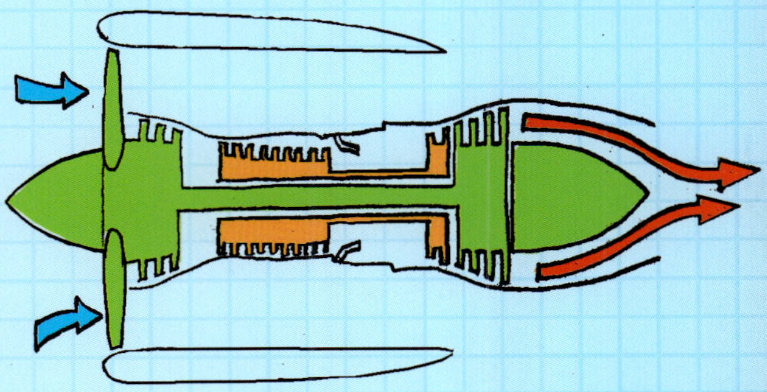

INTRODUCTION

Depuis très longtemps, l'homme a été fasciné par les oiseaux car il voulait voler comme eux ! Les premiers essais réels remontent à des centaines d'années. Au départ, avec des plumes ou de la toile sur les bras, des hommes se jetaient dans le vide en espérant pouvoir monter dans les airs… cela leur a valu une mort certaine. Puis, on a construit différents engins, sans succès. Enfin, on a découvert que si l'on mettait à ses machines des ailes bombées et non droites, elles pouvaient s'élever dans les airs. Ainsi débuta l'ère de l'aviation ! Aujourd'hui, prendre l'avion pour traverser le monde nous semble banal mais de nombreux inventeurs ont consacré toute leur vie pour que ce rêve devienne réalité !

L'homme a toujours été fasciné par les oiseaux pour leur aptitude au vol.

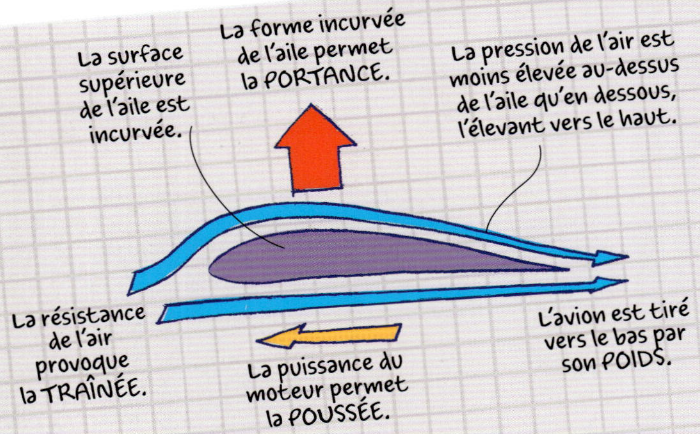

Les mouvements de l'avion sont le résultat de l'équilibre de quatre forces : la portance, le poids, la poussée et la traînée.

QUITTER LE SOL

Le premier vol humain eut lieu dans un ballon, et non à bord d'un avion. Les ballons pouvaient rester dans les airs pendant des heures, voire même des jours. Mais, ils allaient là où le vent les emportait ! Il y a 100 ans, les tout premiers pilotes ont embarqué dans un avion fait de bois et de tissu, précurseur des deltaplanes et des planeurs. Les ancêtres réussirent à reproduire la forme incurvée des ailes d'un oiseau, permettant ainsi à l'engin de décoller et de rester dans les airs. Pour contrôler son vol et sa direction, on comprit – après beaucoup de tests – comment équilibrer les différentes forces auxquelles l'avion est soumis.

La machine volante des frères Wright était fragile et ne gardait pas le cap lors de grands vents. On ne pouvait donc voler que pendant les jours de beau temps.

LES AVIONS DÉCOLLENT

En 1903, les frères Wright, inventeurs américains, ont équipé un planeur d'un moteur et d'un petit réservoir à pétrole de leur fabrication. L'engin était muni d'hélices qui permettaient une propulsion vers l'avant (force appelée la poussée). Les ailes bougeaient pour diriger l'appareil vers la direction désirée. Grâce à l'ingéniosité des frères Wright, non seulement l'homme se déplaça dans les airs mais ils donnèrent naissance à une nouvelle ère : celle de l'aéronautique !

LES AVANCÉES PENDANT LA GUERRE

Lors de la Première Guerre mondiale (1914-1918), les avions sont devenus plus gros, plus stables, plus contrôlables et plus sûrs. Après cette guerre, bon nombre d'hommes ont effectué toutes sortes de records aériens ! La Seconde Guerre mondiale (1939-1945) a fait évoluer les engins, notamment dans la conception des moteurs, rendant ainsi la force de poussée plus puissante. Ces moteurs dits à réaction sont appelés des réacteurs.

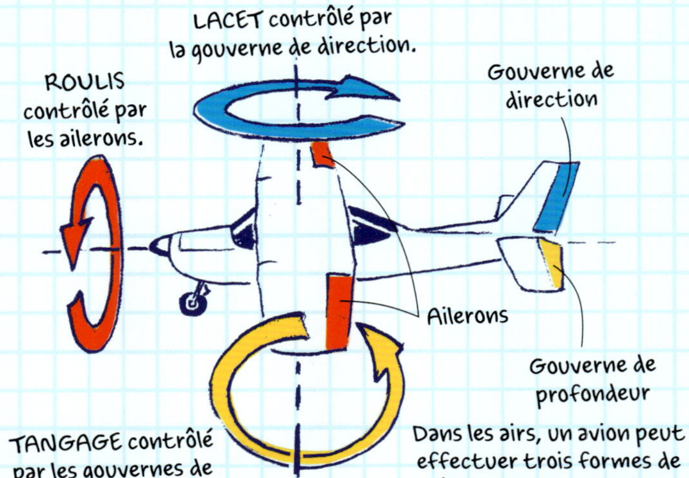

Dans les airs, un avion peut effectuer trois formes de déplacement : le roulis, le tangage et le lacet.

La Seconde Guerre mondiale fut le premier conflit majeur dans lequel les avions, comme le Supermarine Spitfire, ont joué un rôle important.

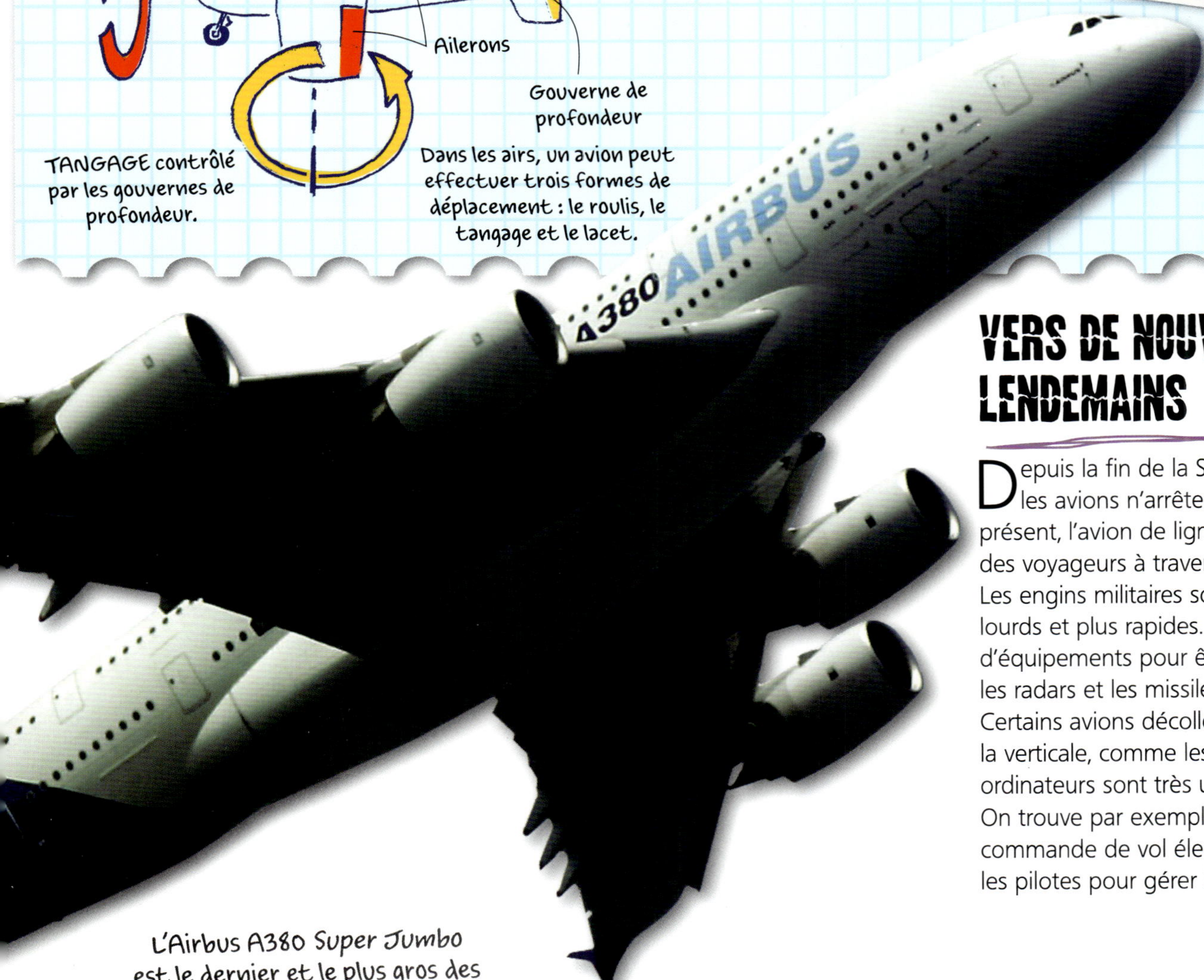

L'Airbus A380 Super Jumbo est le dernier et le plus gros des avions de ligne longue distance.

VERS DE NOUVEAUX LENDEMAINS

Depuis la fin de la Seconde Guerre mondiale, les avions n'arrêtent pas d'évoluer. À présent, l'avion de ligne Jumbo-jet transporte des voyageurs à travers le monde entier. Les engins militaires sont devenus moins lourds et plus rapides. De plus, ils sont munis d'équipements pour être furtifs, afin d'éviter les radars et les missiles détecteurs de chaleur. Certains avions décollent et atterrissent à la verticale, comme les hélicoptères. Les ordinateurs sont très utilisés dans les avions. On trouve par exemple un système de commande de vol électrohydraulique qui assiste les pilotes pour gérer la stabilité de l'appareil.

En plus d'un siècle, le monde de l'aviation a considérablement évolué. Qu'en sera-t-il dans les 100 prochaines années ?

MONTGOLFIÈRES ET DIRIGEABLES

Les montgolfières volent grâce à leur enveloppe remplie d'air chauffé par un brûleur. L'air est constitué de petites particules appelées des molécules. Quand l'air est chauffé, il se dilate (augmente de volume) car les molécules prennent plus de place. L'air chaud dans le ballon est donc plus léger que celui à l'extérieur, élevant ainsi la montgolfière. Le pilote peut contrôler l'altitude de son vol en faisant varier l'intensité de la flamme, mais sa direction dépend entièrement du vent !

EURÊKA

Les premiers aérostiers (pilotes de montgolfières et de dirigeables) furent Pilâtre de Rozier et François Laurent, marquis d'Arlandes. En 1783, ils ont parcouru 9 km au-dessus de Paris à une altitude de 25 mètres. Le ballon était conçu par les frères Joseph et Étienne Montgolfier.

ET APRÈS

On a essayé de mettre au point un ballon individuel à l'hélium. Accroché à un sac à dos, il fonctionne avec un moteur électrique et une hélice. Mais cette invention n'a pas été commercialisée.

Des expéditions en ballon sont organisées, transportant au-dessus des plaines africaines des touristes qui veulent découvrir la vie sauvage.

L'enveloppe
C'est la partie principale du ballon : cette couche extérieure est composée de longs panneaux (fuseaux) incurvés constitués d'une matière souple antidéchirure.
La partie près du brûleur, la bouche, est faite d'un matériau capable de résister à la chaleur.

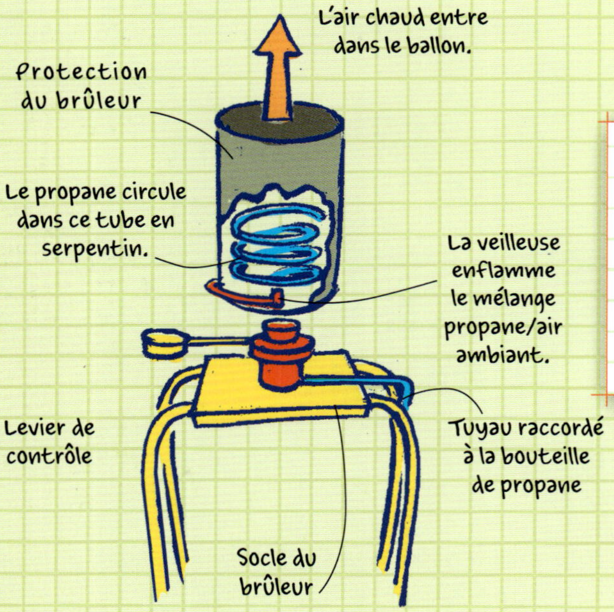

En 2007, David Hempleman-Adams a battu le record d'altitude en montgolfière : il est monté à 9,7 km de haut !

Le filet
De solides cordes sont cousues dans la doublure de l'enveloppe et tendues jusqu'à la jupe. Le filet répartit de façon égale le poids de la nacelle sur toute l'enveloppe.

LES BRÛLEURS

Comment ça fonctionne ?

La plupart des montgolfières ont un brûleur qui fonctionne avec du propane comme carburant. Celui-ci, à l'état liquide, est stocké dans une bouteille. Il s'en échappe par un tube en forme de serpentin. Mélangé à l'air ambiant, il est enflammé par la veilleuse toute proche, formant ainsi une grande flamme qui chauffe l'air dans le ballon.

Les anciens dirigeables fonctionnaient avec de l'hydrogène, un gaz léger mais très inflammable. Le *Hindenburg* a pris feu en 1937, tuant 35 personnes.

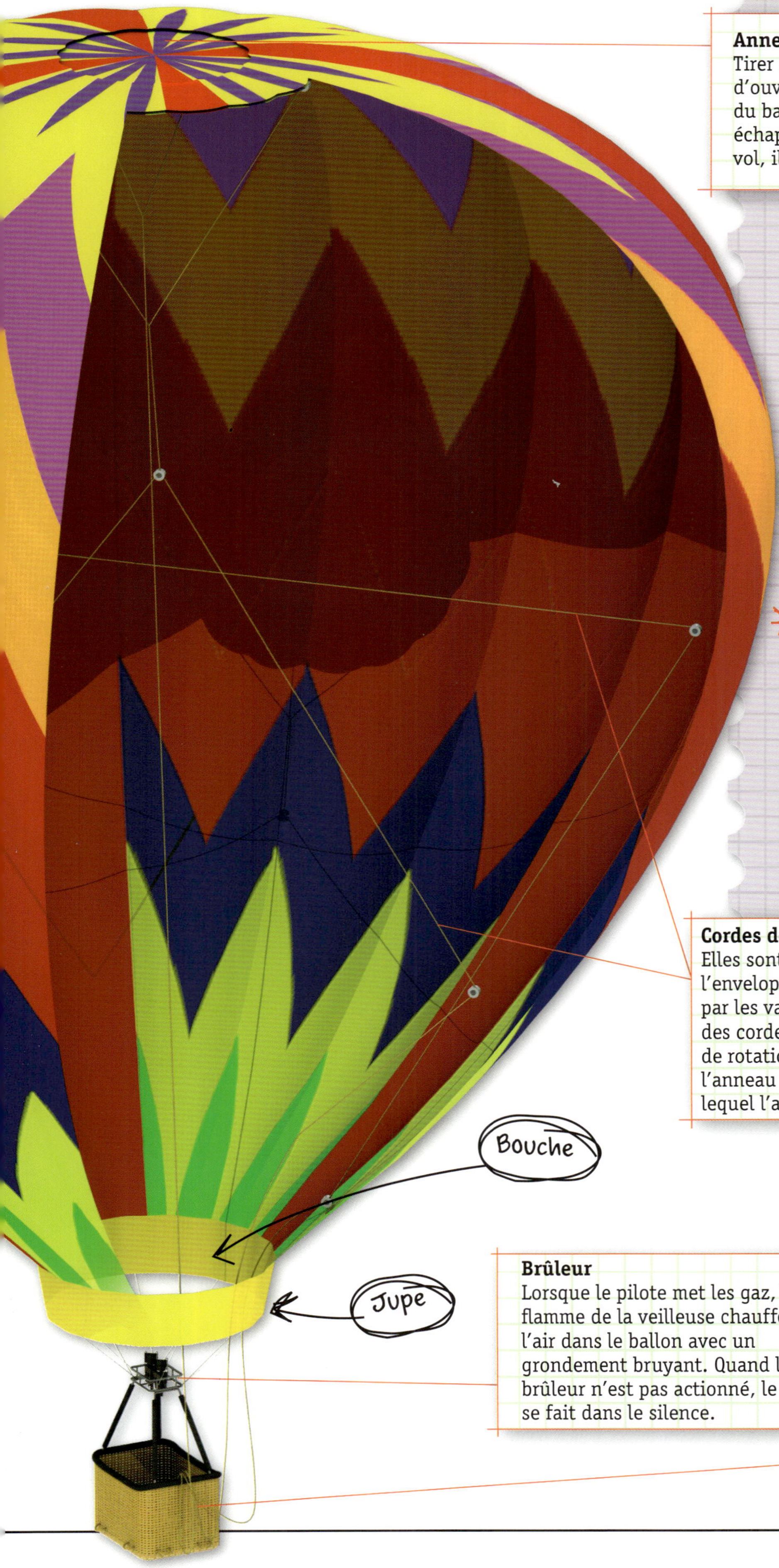

Anneau de couronne
Tirer sur la corde de soupape permet d'ouvrir ce conduit et accélère la descente du ballon. Comme l'air chaud s'en échappe, il se dégonfle et, quand il est en vol, il perd de l'altitude.

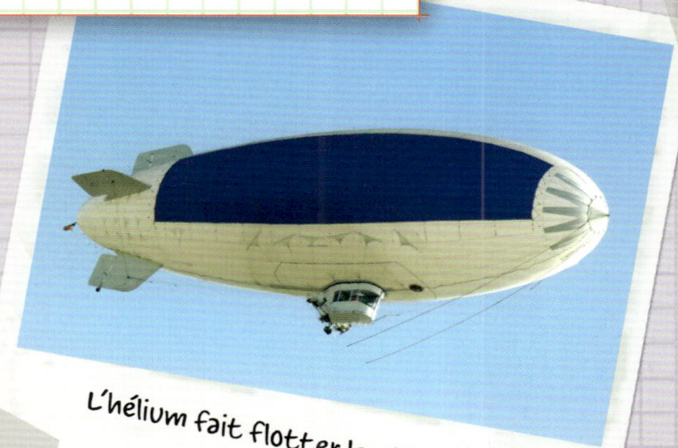
L'hélium fait flotter les dirigeables.

LES DIRIGEABLES AUJOURD'HUI

Les ballons et dirigeables sont des aérostats, des appareils utilisant un gaz plus léger que l'air. Les dirigeables ne fonctionnent pas à l'air chaud mais à l'hélium, un gaz très léger qu'on utilise aussi pour gonfler les ballons de baudruche. Dans un dirigeable, se trouvent plusieurs sacs contenant de l'hélium, et des hélices le font avancer. Il est dirigé avec un gouvernail et est piloté depuis une petite cabine appelée la gondole.

Cordes de soupape
Elles sont reliées aux panneaux de l'enveloppe jusqu'à la nacelle en passant par les vantaux de rotation. Tirer sur l'une des cordes permet d'ouvrir les vantaux de rotation ou de déplacer la toile de l'anneau de couronne, faisant un trou par lequel l'air chaud s'échappe.

En 1999, le premier ballon à faire le tour du monde sans escale – en presque 20 jours – fut piloté par Bertrand Piccard et Brian Jonce.

Brûleur
Lorsque le pilote met les gaz, la flamme de la veilleuse chauffe l'air dans le ballon avec un grondement bruyant. Quand le brûleur n'est pas actionné, le vol se fait dans le silence.

Nacelle
La traditionnelle nacelle en osier est solide, légère et peu coûteuse. Elle est également assez souple pour amortir les atterrissages parfois brutaux.

LE DELTAPLANE

Un deltaplane est un engin sans moteur. Il est constitué d'une aile tendue sur un cadre rigide, où le pilote est accroché par des sangles. Il peut être dirigé vers la droite ou la gauche, aller vite ou lentement. Il descend graduellement et ne peut aller vers le haut… à moins d'être porté par un vent ascendant !

EURÊKA

Le deltaplane a été inventé il y a plus d'un siècle par Otto Lilienthal, près de Berlin en Allemagne. Il construisit sa propre colline et une vingtaine de deltaplanes, dessinés par lui. Après avoir exécuté plus de 2000 vols, il s'écrasa sous l'effet d'une rafale et mourut en 1896.

Tubes de pointe
Ces tubes solides sont situés à l'avant de l'aile. Comme sur toutes les parties du cadre, ils sont faits d'un métal léger mais résistant, comme l'aluminium ou la fibre de carbone.

Câbles de contreventement
Ces câbles de métal, minces et solides, relient les nombreuses parties du cadre. Ils renforcent la charpente du deltaplane, ce qui lui permet de résister aux vents violents ou aux virages rapides.

Le cadre en A
Ce cadre de métal est fixé solidement à l'armature centrale du deltaplane (la quille). Des câbles relient ce cadre aux différentes parties de l'aile.

La barre de contrôle
Le pilote tient la barre de contrôle située sur le cadre par des poignées antidérapantes. Il la pousse, la tire, ou la met d'un côté ou de l'autre selon la direction qu'il veut faire prendre à son engin.

En 2002, au Texas (États-Unis), Michael Barber a volé en deltaplane sur plus de 700 km !

LE DELTAPLANE
Comment ça fonctionne ?

Le pilote est attaché à un harnais, suspendu en position horizontale au centre du cadre. Son poids permet de contrôler la direction de l'engin : bouger la barre de contrôle fait passer le poids de l'homme vers l'un ou l'autre côté, permettant ainsi d'orienter l'aile selon l'angle voulu.

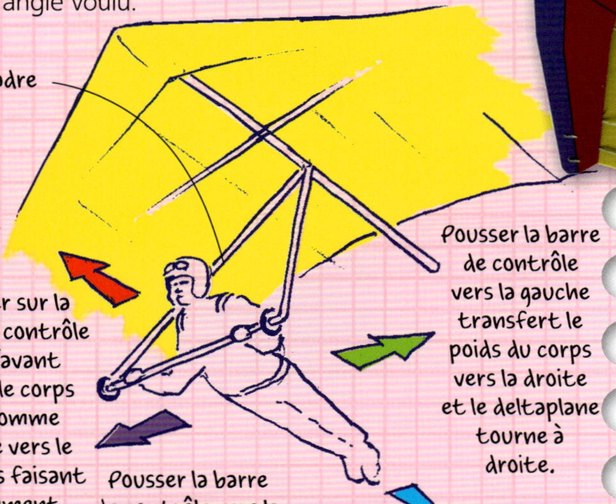

ET APRÈS

Un deltaplane peut être doté d'un petit moteur muni d'une hélice, situé sous le pilote. C'est le plus petit engin de vol personnel que tout le monde peut posséder.

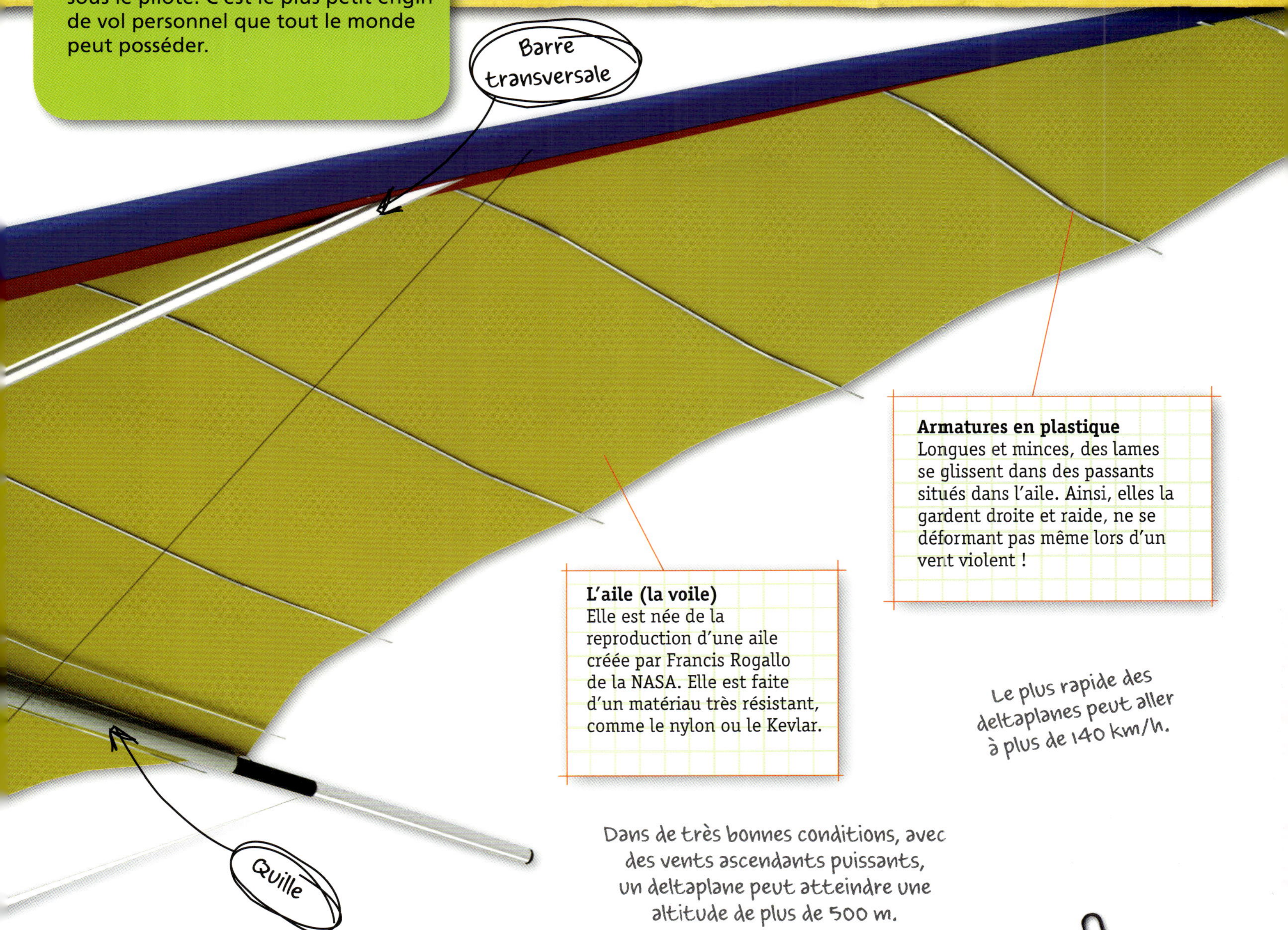

Armatures en plastique
Longues et minces, des lames se glissent dans des passants situés dans l'aile. Ainsi, elles la gardent droite et raide, ne se déformant pas même lors d'un vent violent !

L'aile (la voile)
Elle est née de la reproduction d'une aile créée par Francis Rogallo de la NASA. Elle est faite d'un matériau très résistant, comme le nylon ou le Kevlar.

Le plus rapide des deltaplanes peut aller à plus de 140 km/h.

Dans de très bonnes conditions, avec des vents ascendants puissants, un deltaplane peut atteindre une altitude de plus de 500 m.

VOLER COMME UN OISEAU

Les deltaplanes ne peuvent pas monter, du moins sans vent. Ils descendent lentement en suivant les courants de l'air. Pourtant, si le pilote rencontre un vent ascendant – courant d'air chaud qui se dirige vers le haut - il pourra faire prendre de l'altitude à son deltaplane. Après une descente en piqué, le pilote peut rencontrer de nouveau des courants ascendants pour remonter, et voler ainsi pendant des heures !

Le vent ascendant au-dessus des montagnes permet au deltaplane de voler plus haut.

LE PLANEUR

Les planeurs ne peuvent pas prendre de l'altitude sans l'aide d'un moteur. Néanmoins, le plus récent planeur est très performant : aérodynamique au possible, il est si léger qu'il perd de l'altitude vraiment très lentement lors de son vol. S'il rencontre un courant ascendant – air chaud qui monte – il peut aller très haut dans le ciel.

EURÊKA

Beaucoup de planeurs sont recouverts d'un matériau léger, lisse et solide : le GRP, un plastique renforcé à la fibre de verre. Il fut utilisé pour la première fois sur le planeur allemand *Akaflieg FS-24* en 1957.

ET APRÈS

Les derniers planeurs sont fabriqués avec divers matériaux : fibre de carbone, aramide et polyéthylène. Ils sont équipés d'ailes détachables que l'on peut enlever afin de garer son avion dans un entrepôt étroit !

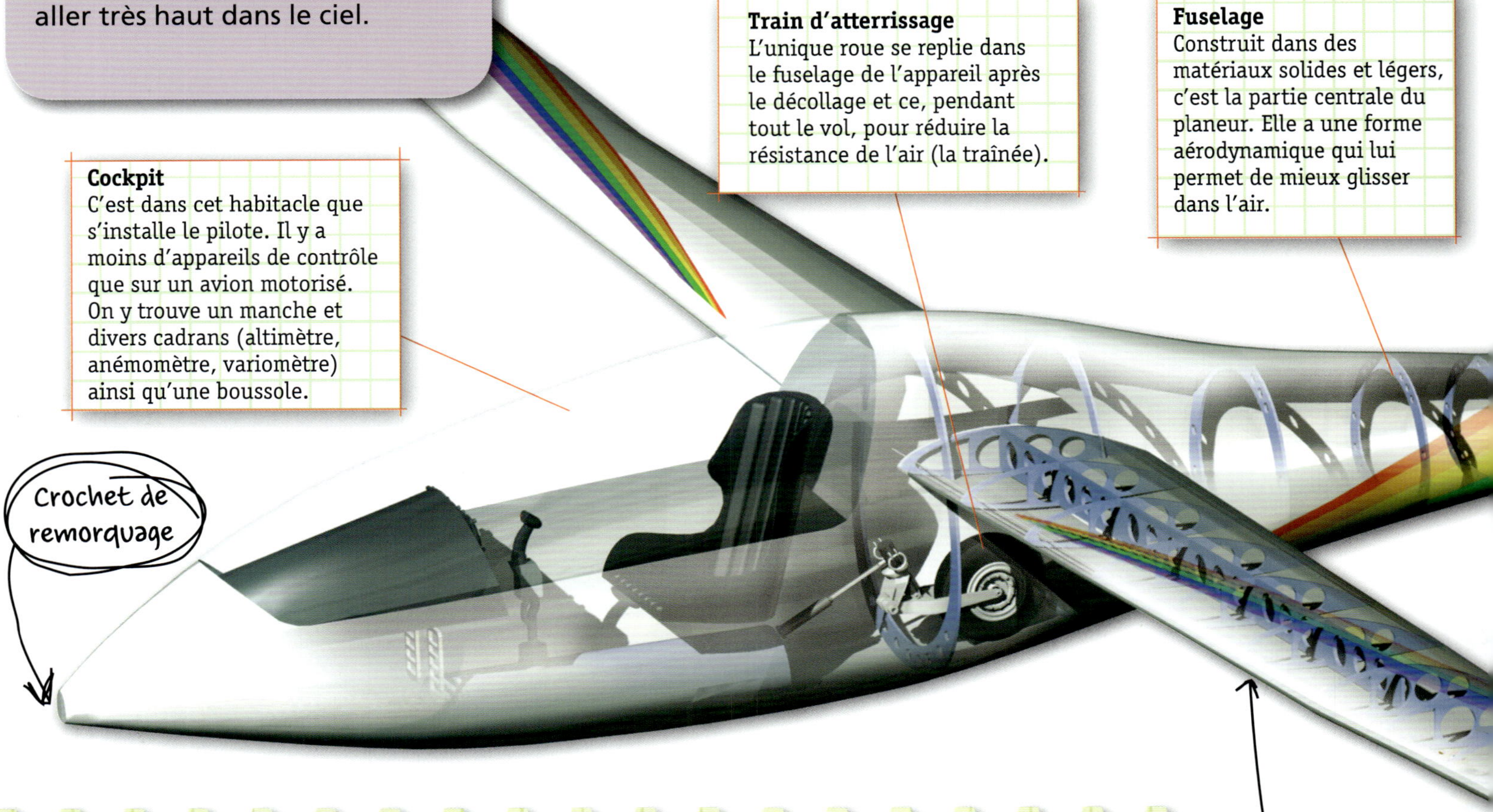

LES AILES

Comment ça fonctionne ?

Les ailes des planeurs sont faites sur le même principe que les avions classiques. Quand on les regarde de côté, on remarque qu'elles sont incurvées : la surface courbe se trouve sur le haut de l'aile. L'air qui circule autour de l'aile est plus rapide au-dessus qu'en dessous, créant une différence de pression qui pousse l'aile vers le haut. Cette force s'appelle la portance.

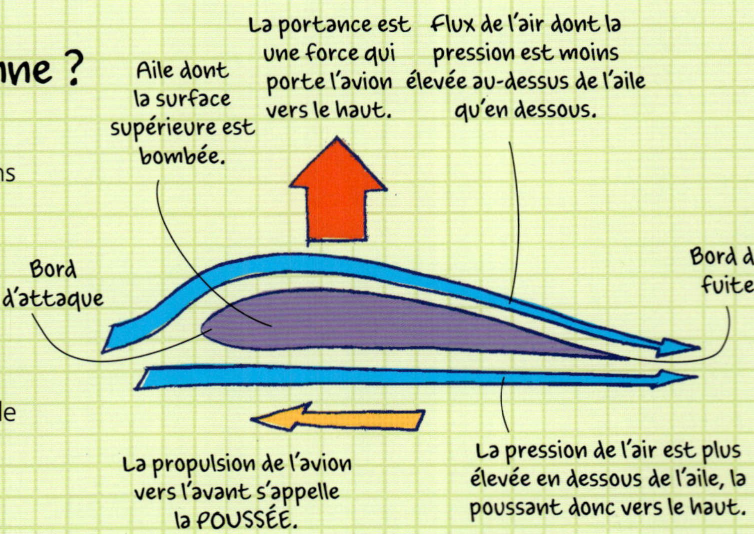

Pendant la Seconde Guerre mondiale (1939-1945), d'énormes planeurs transportaient les troupes jusqu'en territoire ennemi sans émettre le moindre son !

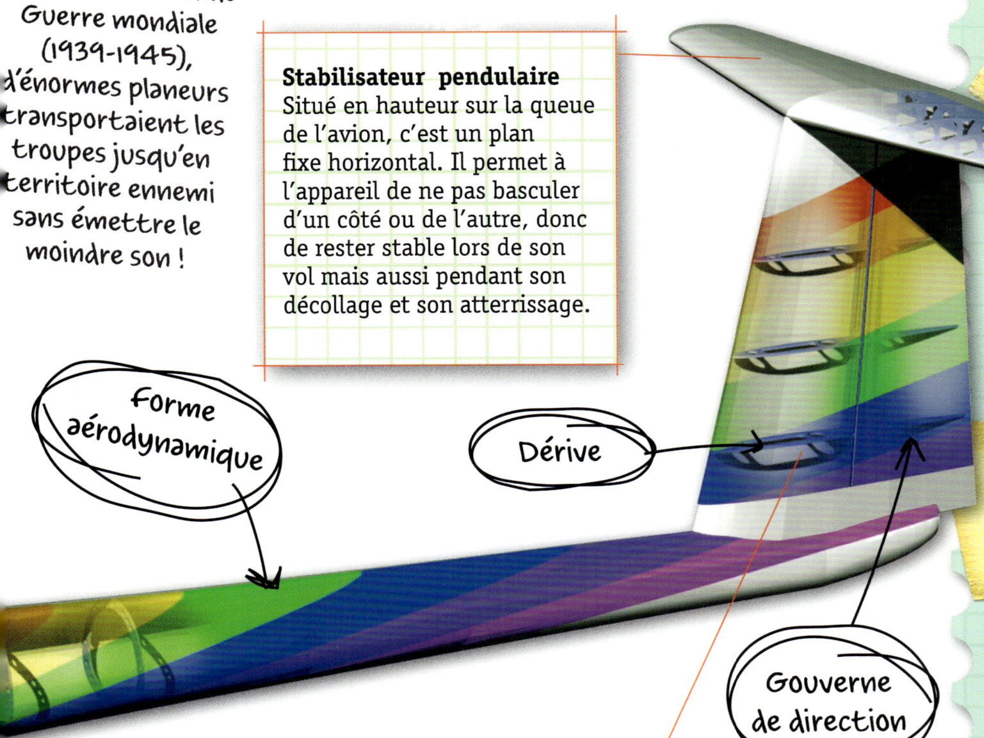

Stabilisateur pendulaire
Situé en hauteur sur la queue de l'avion, c'est un plan fixe horizontal. Il permet à l'appareil de ne pas basculer d'un côté ou de l'autre, donc de rester stable lors de son vol mais aussi pendant son décollage et son atterrissage.

L'empennage vertical
Il possède la gouverne de direction, un volet que l'on peut orienter vers la gauche ou la droite. C'est avec cette gouverne qu'on peut effectuer un lacet.

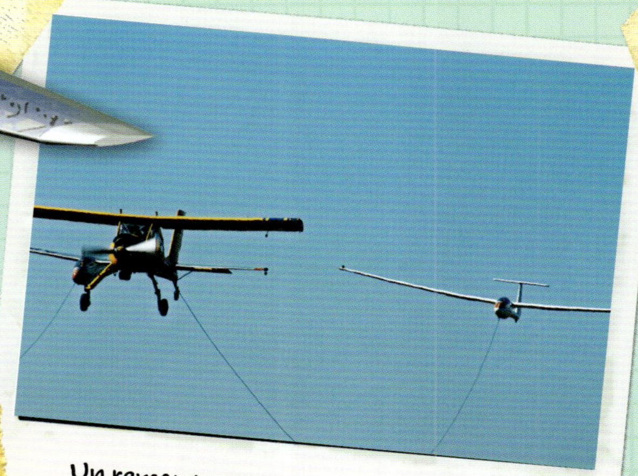

Un remorqueur tracte un avion planeur.

DÉCOLLAGE D'UN PLANEUR

À moins de se lancer du haut d'une falaise – ce qui est très dangereux – le planeur ne peut pas décoller tout seul puisqu'il n'a pas de moteur. Il faut donc le tracter jusqu'à ce qu'il prenne son envol. Pour ce faire, il y a le treuillage : le crochet de remorquage du planeur est attaché à un long câble qui s'enroule très vite autour du cylindre du treuil. Le planeur sur le sol est tiré à si grande vitesse qu'il décolle. Un petit avion – appelé un remorqueur – peut aussi tirer un planeur.

Les planeurs utilisent les courants d'air chaud, appelés courants ascendants, pour prendre de l'altitude et voler pendant des heures !

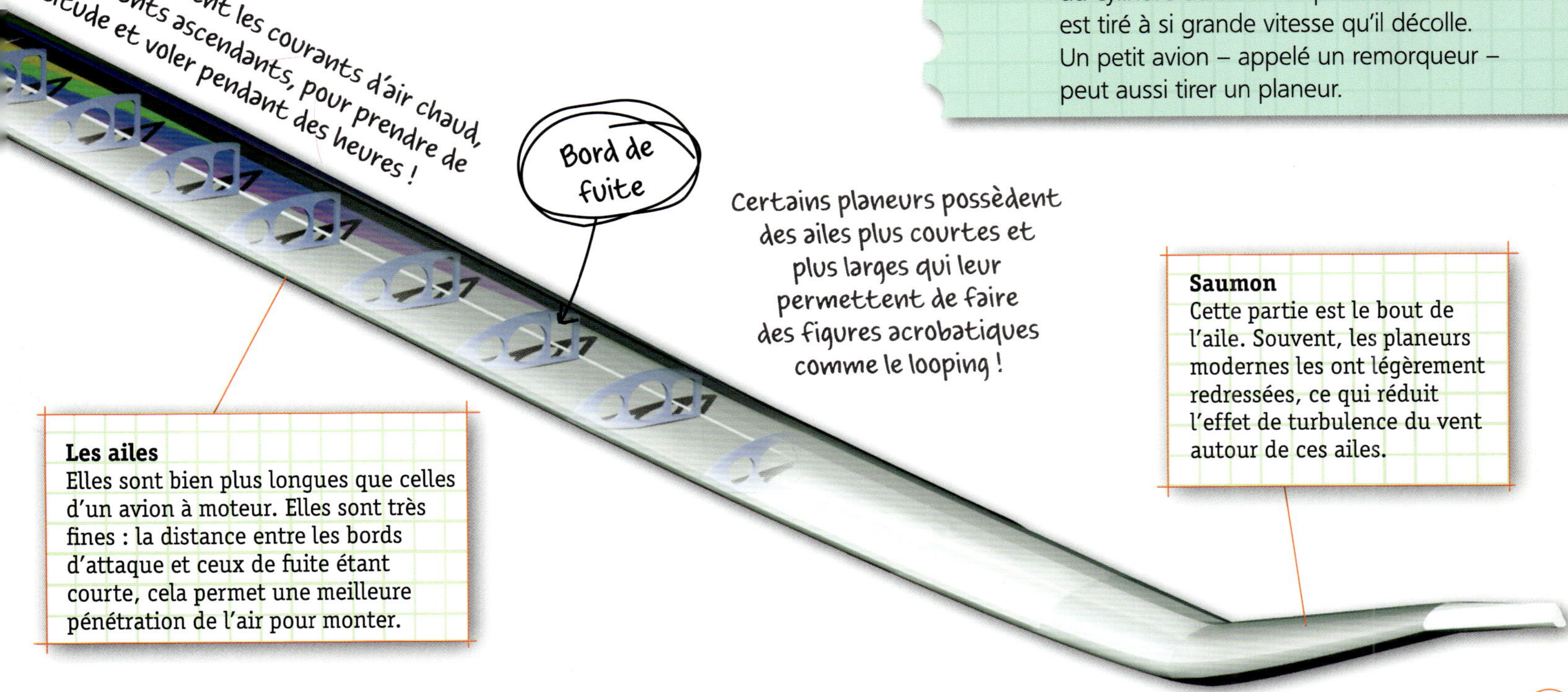

Certains planeurs possèdent des ailes plus courtes et plus larges qui leur permettent de faire des figures acrobatiques comme le looping !

Les ailes
Elles sont bien plus longues que celles d'un avion à moteur. Elles sont très fines : la distance entre les bords d'attaque et ceux de fuite étant courte, cela permet une meilleure pénétration de l'air pour monter.

Saumon
Cette partie est le bout de l'aile. Souvent, les planeurs modernes les ont légèrement redressées, ce qui réduit l'effet de turbulence du vent autour de ces ailes.

LE *FLYER* DES WRIGHT

Jour : jeudi 17 décembre 1903 à 10h35. Lieu : une plage venteuse près de Kitty Hawk, en Caroline du Nord (États-Unis). Événement : le tout premier vol en avion motorisé, le *Flyer* construit par les frères Wilbur et Orville Wright. Vu uniquement par un petit groupe venu aider les frères, le vol n'aura duré que 12 secondes… mais cela changea le monde de l'aviation.

EURÊKA

Les Wright ont passé des heures à regarder comment les oiseaux bougeaient leurs ailes pour garder le contrôle de leur vol. Cela leur a donné l'idée du gauchissement de l'aile qui permit de contrôler le vol du *Flyer*.

ET APRÈS

Après le premier vol d'Orville, le *Flyer* en a effectué trois autres cette même journée, les frères volant chacun leur tour. Le dernier vol de Wilbur fut le plus long : 260 mètres en 59 secondes.

Le Flyer a couvert 37 m lors de son premier vol, soit la moitié de la longueur d'un Airbus A380 !

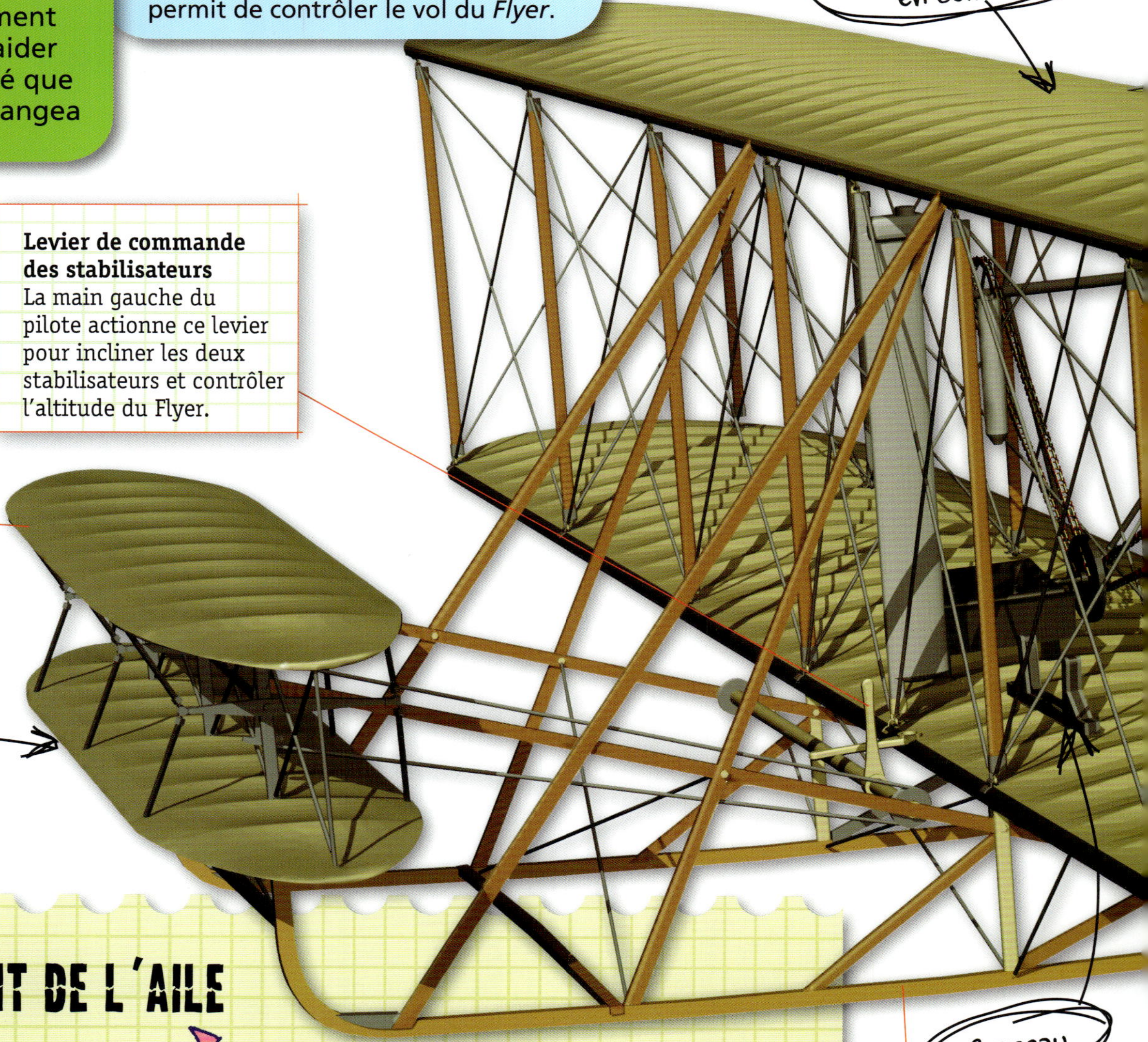

Levier de commande des stabilisateurs
La main gauche du pilote actionne ce levier pour incliner les deux stabilisateurs et contrôler l'altitude du Flyer.

Stabilisateurs
Sur le *Flyer*, ils sont situés à l'avant de l'appareil. On appelle cette configuration un plan canard !

Rail de lancement
Dépourvu de roues, le *Flyer* décollait et atterrissait en glissant sur le sable. Ce rail faisait office de patin, comme sur les traîneaux !

LE GAUCHISSEMENT DE L'AILE

Comment ça fonctionne ?

En tirant sur des câbles, les ailes du *Flyer* pouvaient être déformées sur toute leur longueur : c'est le gauchissement. Une force plus légère s'exerçait d'un côté de l'aile, l'élevant alors que l'autre extrémité descend, provoquant ainsi le roulis. Cela faisait aussi tourner la gouverne de direction, orientant l'avion vers la droite ou la gauche : c'est le lacet.

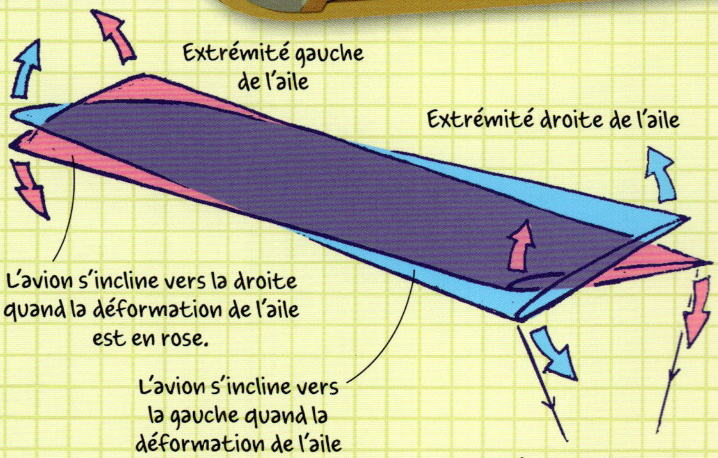

Les hélices propulsives
Deux hélices étaient entraînées par le moteur grâce à de solides chaînes ressemblant à celles qu'ont les vélos !

Gouvernes jumelles
Au nombre de deux, elles permettaient de diriger le *Flyer* vers la gauche ou la droite. Rattachées par des câbles jusqu'au berceau, elles étaient manœuvrées par le pilote allongé sur le ventre.

Les frères Wright étaient constructeurs de vélos avant de se lancer dans l'aviation. Ils ont construit un moteur à pétrole très léger pour propulser le *Flyer*.

Structure
Elle était construite en bois de frêne et d'épicéa, et les ailes de l'avion étaient recouvertes de tissu.

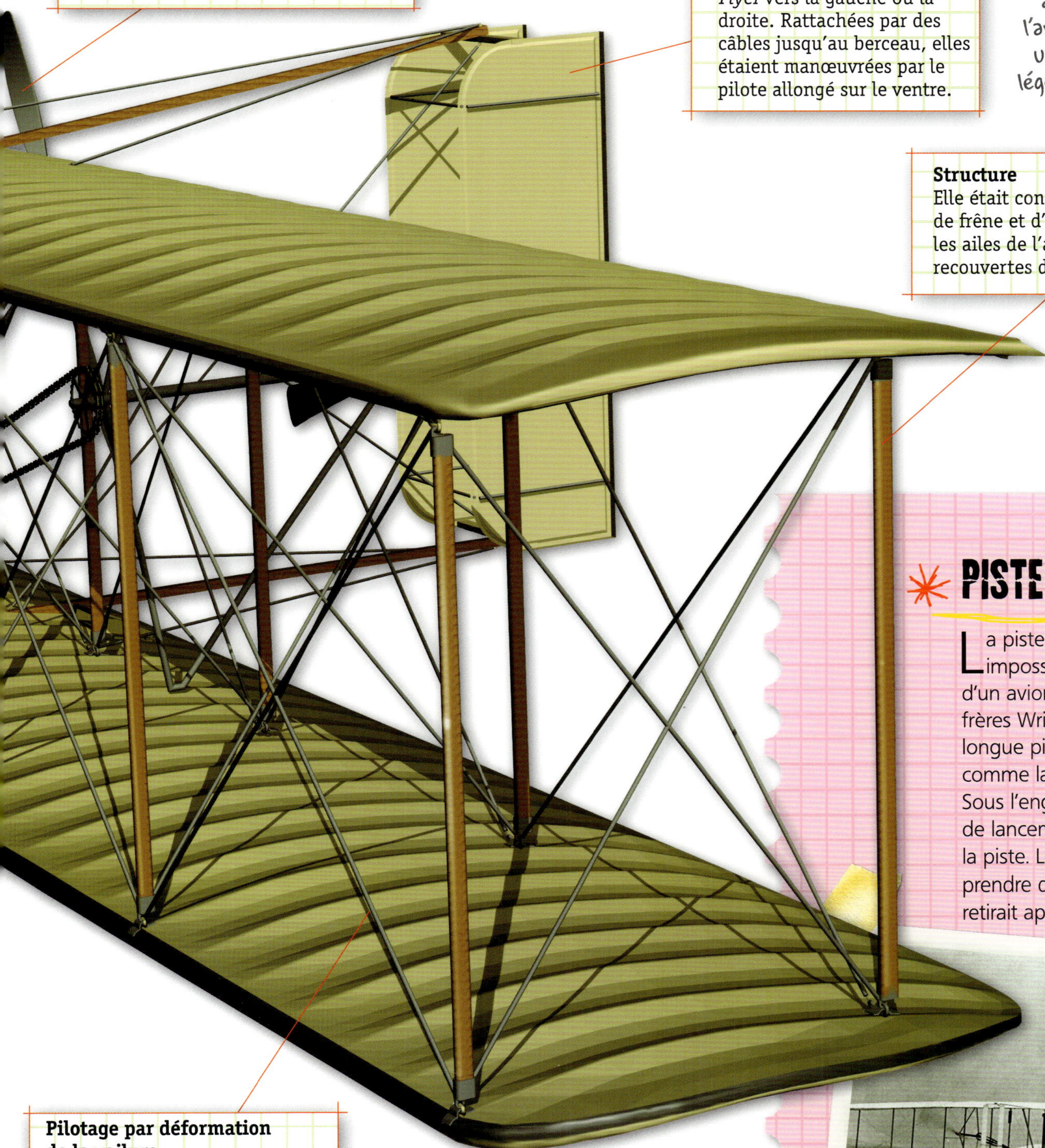

Pilotage par déformation de la voilure
Allongé sur le ventre au niveau de l'aile inférieure, le pilote contrôlait la direction et l'inclinaison du Flyer en se déplaçant à gauche ou à droite dans un berceau fixé à ses hanches.

Les premiers vols motorisés des Wright ont été peu relatés dans les journaux de l'époque. Les gens ont réalisé l'importance de cet exploit bien des années plus tard !

PISTE DE DÉCOLLAGE

La piste du *Flyer* était une plage… impossible pour le décollage d'un avion ordinaire à roues. Les frères Wright ont construit une longue piste de rails en métal, comme la voie d'un train monorail. Sous l'engin, se trouvait un rail de lancement, que l'on posait sur la piste. Le *Flyer* y avançait pour prendre de la vitesse puis on les retirait après le décollage.

Le *Flyer* au décollage

LE CESSNA 172 SKYHAWK

Cet avion léger est une version volante de voiture familiale ! Il possède quatre sièges et un seul moteur… comme une voiture ! La différence est que le moteur entraîne le mouvement d'une hélice. Ces avions n'ont pas beaucoup d'autonomie de vol et ne peuvent pas exécuter d'acrobaties. Néanmoins, ils sont solides, légers, fiables et faciles à piloter.

EURÊKA

Les premiers Cessna 172 ont été construits il y a plus de 50 ans, en 1955. Les constructeurs pensaient que ce modèle aurait un succès mondial – et ils ont eu raison !

ET APRÈS

Les Cessna 172 les plus récents sont équipés d'une avionique « G1000 ». Ce système permet une navigation encore plus facile.

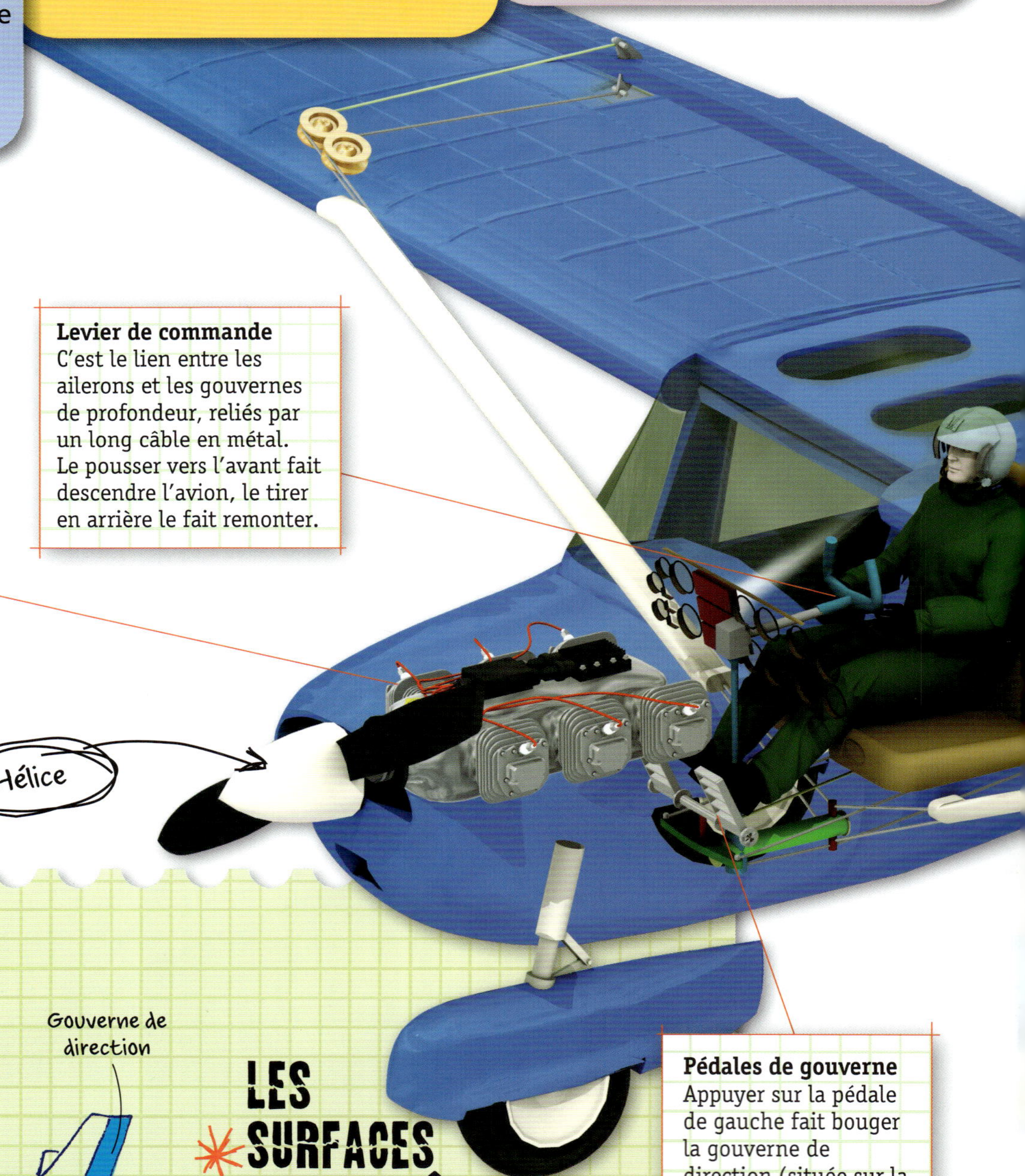

Le moteur
L'avion possède généralement un moteur Lycoming ou Continental de quatre à six cylindres. Le moteur fonctionne de la même manière que celui d'une voiture. L'air et le carburant brûlent à l'intérieur des cylindres et poussent les pistons. Néanmoins, les cylindres ne sont pas en ligne comme dans une voiture : ils sont posés à plat face à face. Cela s'appelle une mise en opposition horizontale.

Levier de commande
C'est le lien entre les ailerons et les gouvernes de profondeur, reliés par un long câble en métal. Le pousser vers l'avant fait descendre l'avion, le tirer en arrière le fait remonter.

Pédales de gouverne
Appuyer sur la pédale de gauche fait bouger la gouverne de direction (située sur la queue) vers la gauche, l'avion décrit donc un virage vers la gauche.

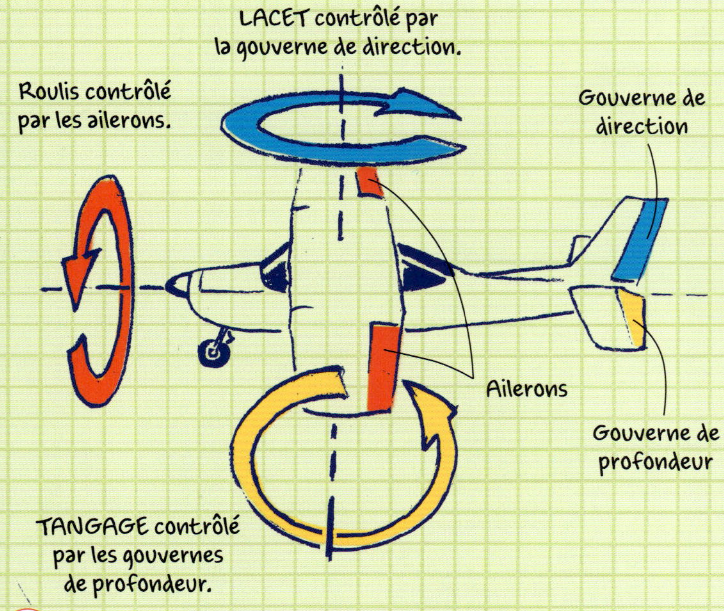

LES SURFACES DE CONTRÔLE
Comment ça fonctionne ?

Ce sont tous les volets mobiles sur les ailes et la queue de l'appareil. Quand l'un d'eux est actionné, il est soumis à la résistance de l'air et fait donc changer de direction à l'avion. Cela influe sur l'altitude de l'engin, sa direction latérale et son inclinaison.

Plus de 43 000 exemplai de Cessna 172 ont été construits !

Stable et léger, le Cessna 172 est l'avion idéal pour apprendre à piloter !

Gouvernes de profondeur
Ces volets mobiles se trouvent sur la partie horizontale de l'empennage (queue). Les deux gouvernes sont actionnées simultanément par un long câble relié au levier de commande.

Gouvernes de direction
Ce volet est actionné par les pédales du pilote et fait tourner l'avion vers la droite ou la gauche. Placée sur la partie verticale de la queue, la gouverne de direction permet donc d'exécuter le lacet de l'engin.

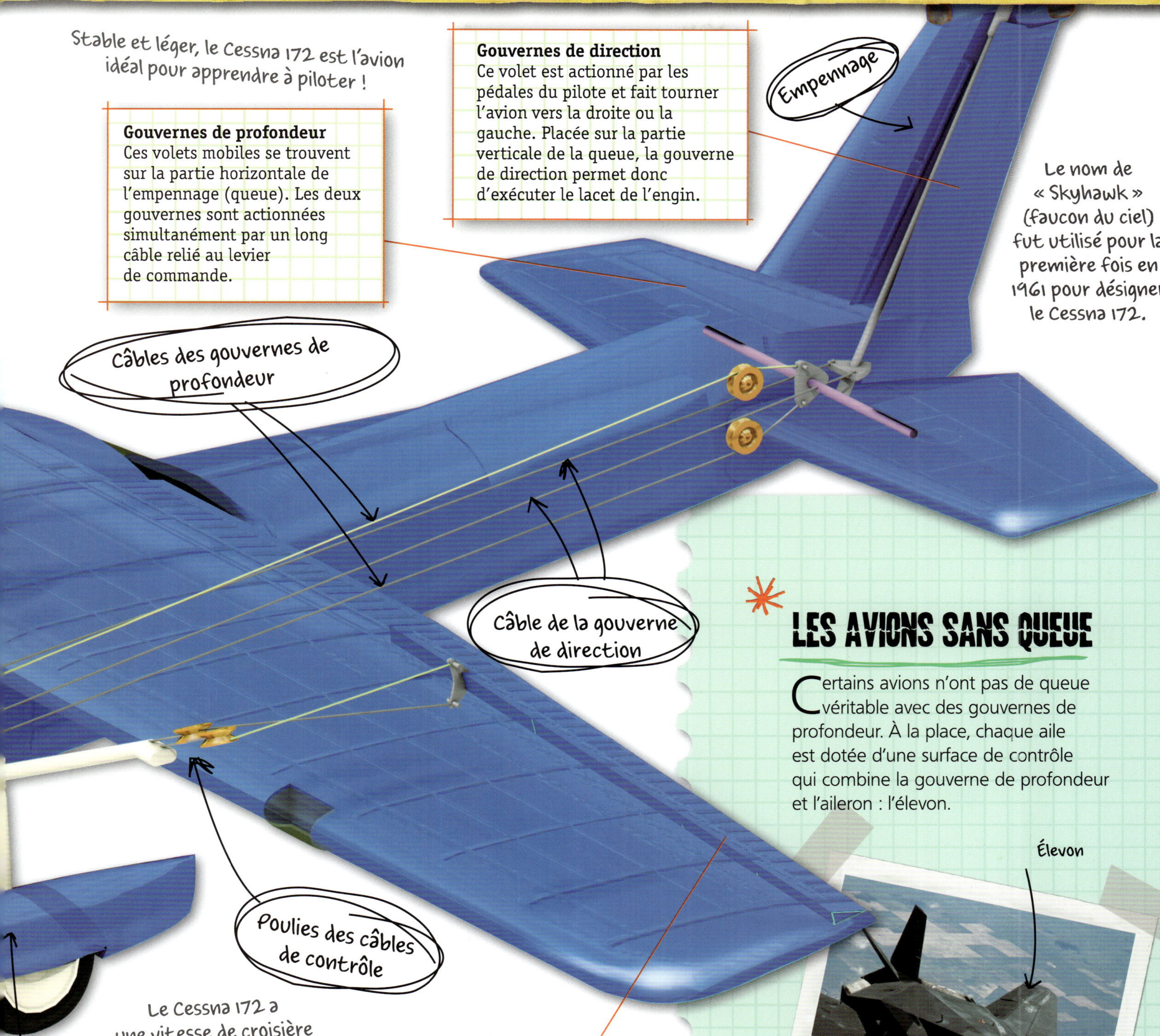

Le nom de « Skyhawk » (faucon du ciel) fut utilisé pour la première fois en 1961 pour désigner le Cessna 172.

Le Cessna 172 a une vitesse de croisière de 210 km/h.

Les ailerons
Ces volets se situent sur le bord de fuite de chaque aile. Ils sont actionnés par des câbles depuis le levier de commande. Quand d'un côté un aileron se soulève, celui de l'autre côté s'abaisse.

LES AVIONS SANS QUEUE

Certains avions n'ont pas de queue véritable avec des gouvernes de profondeur. À la place, chaque aile est dotée d'une surface de contrôle qui combine la gouverne de profondeur et l'aileron : l'élevon.

L'avion de combat F-117 Nighthawk est un aéronef à ailes delta.

LE SOPWITH CAMEL

C'est l'un des meilleurs avions de combat de la Première Guerre mondiale (1914-1918). Rapide et agile, il est capable de faire des vrilles et de se retourner pour chasser les aéronefs ennemis. Il s'est démarqué lors des combats mortels appelés « dogfight » (combats tournoyants).

Les mitrailleuses Vicker
Elles sont situées à l'avant de l'appareil. Le pilote se mettait derrière l'avion ennemi et pointait avec précision les canons des mitrailleuses sur sa cible.

Deux ailes parallèles
Le Camel est un biplan, c'est-à-dire qu'une paire d'ailes se trouvait au-dessus de l'autre… permettant d'augmenter la portance de cet avion de petite envergure.

Structure
Semblable à des mâts, la structure en bois maintenait séparées les deux paires d'ailes. Les câbles de contreventement tendus rendaient toute la structure solide et légère.

Le moteur en étoile
Les cylindres étaient agencés comme les rayons d'une roue (voir page 20). Ils tournaient autour d'un axe principal au lieu de rester immobiles.

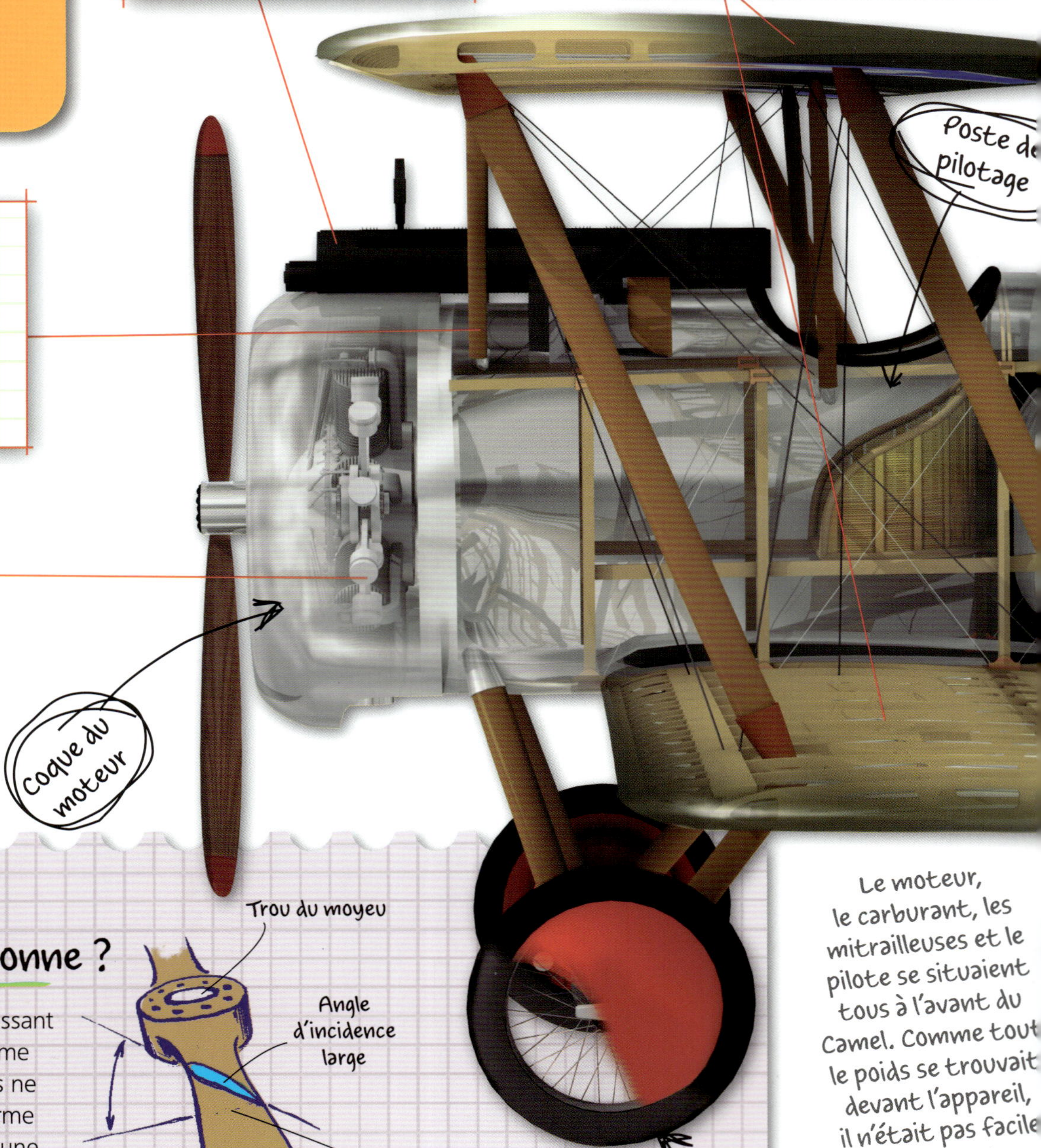

Le moteur, le carburant, les mitrailleuses et le pilote se situaient tous à l'avant du Camel. Comme tout le poids se trouvait devant l'appareil, il n'était pas facile à piloter !

UNE HÉLICE
Comment ça fonctionne ?

Une hélice fonctionne en repoussant l'air autour d'elle, un peu comme un ventilateur électrique. Ses pales ne sont pas droites : elles ont une forme aérodynamique (zones en bleu, jaune et vert sur l'illustration ci-contre). Elles sont plus courbées près du moyeu qu'à leur extrémité. Grâce à cet angle d'incidence au centre, l'hélice est elle-même entraînée vers l'avant et emmène l'avion avec elle.

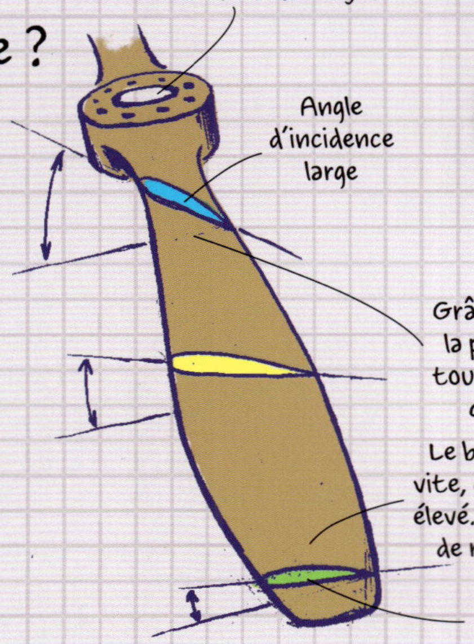

EURÊKA

Sur la plupart des avions de combat, les hélices étaient équipées de coques en métal, appelées des déflecteurs. Cela permettait de les protéger des balles tirées par l'ennemi mais aussi de celles des mitrailleuses à bord ! Les projectiles rebondissaient sur l'hélice au lieu de pulvériser les pales de bois.

ET APRÈS

La version 2F1 du Camel a été le premier à décoller d'un porte-avions lors des raids aériens de 1918.

Le Camel (chameau en français) tient son nom de sa bosse formée par les mitrailleuses.

Le médaillon
C'était le symbole des Forces Aériennes Royales Britanniques qui devinrent la Royal Air Force en 1918. Cet emblème permettait d'identifier l'avion afin qu'il ne soit pas attaqué par ses alliés !

Empennage de l'avion
Les surfaces fixes de la queue sont équipées de câbles de contreventement croisés qui les gardent rigides et en position.

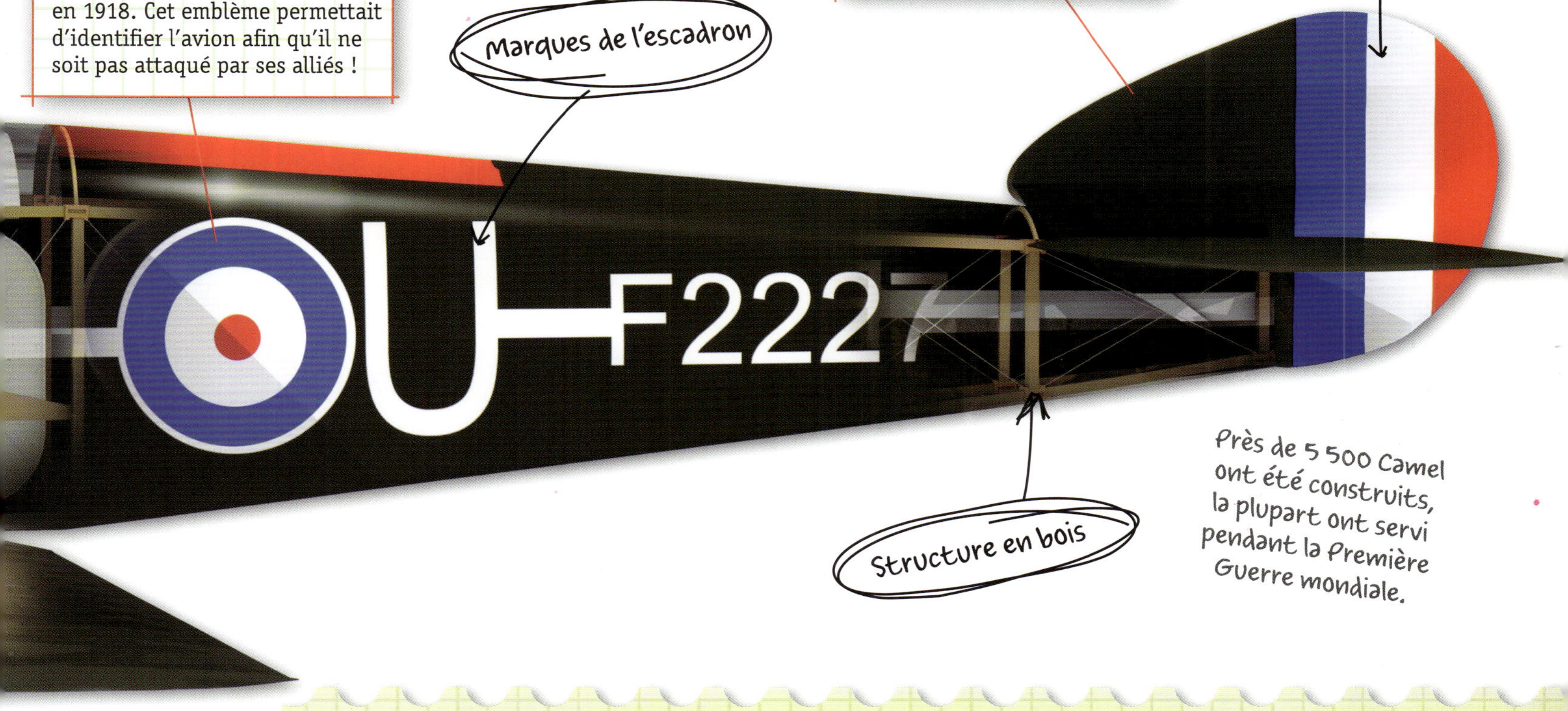

Près de 5 500 Camel ont été construits, la plupart ont servi pendant la Première Guerre mondiale.

NE TIREZ PAS SUR L'HÉLICE

Très tôt, les avions de guerre ont été dotés d'armes manuelles, souvent construites sur un bras métallique pivotant. Parfois, dans le feu de l'action, le pilote ou un tireur à bord tiraient sur sa propre hélice ! Pour éviter ce problème, le Camel avait un mécanisme de synchronisation : L'hélice en rotation avait un système qui poussait sur une tige chaque fois qu'elle tournait. La tige pressait une détente et empêchait la mitrailleuse de faire feu pendant une fraction de seconde, chaque fois que la pale était dans sa ligne de mire !

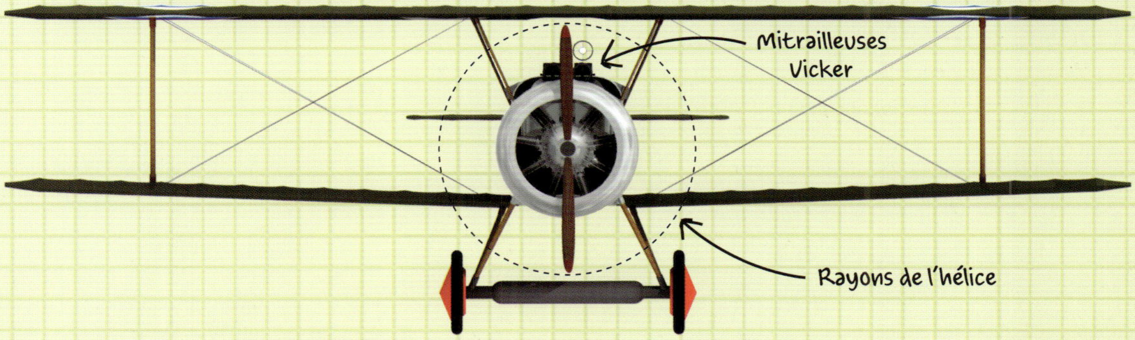

LE *SPIRIT OF SAINT LOUIS*

Aujourd'hui, survoler l'océan Atlantique est devenu banal. Mais au début du XXe siècle, personne ne l'avait encore fait ! C'est l'aviateur américain Charles Lindbergh qui fut le premier à le traverser sans escale à bord du *Spirit of St Louis*.

ET APRÈS

Le premier tour du monde en vol sans escale a été bouclé en décembre 1986 par Dick Rutan et Jeana Yeager. Leur avion, le *Voyager*, a été spécialement construit pour cette expédition. Ils ont mis tout juste neuf jours pour parcourir près de 42 400 km.

Le poste de pilotage avait des vitres sur les côtés mais pas de pare-brise. Pour voir où il allait, Lindbergh regardait dans un périscope comme dans les sous-marins !

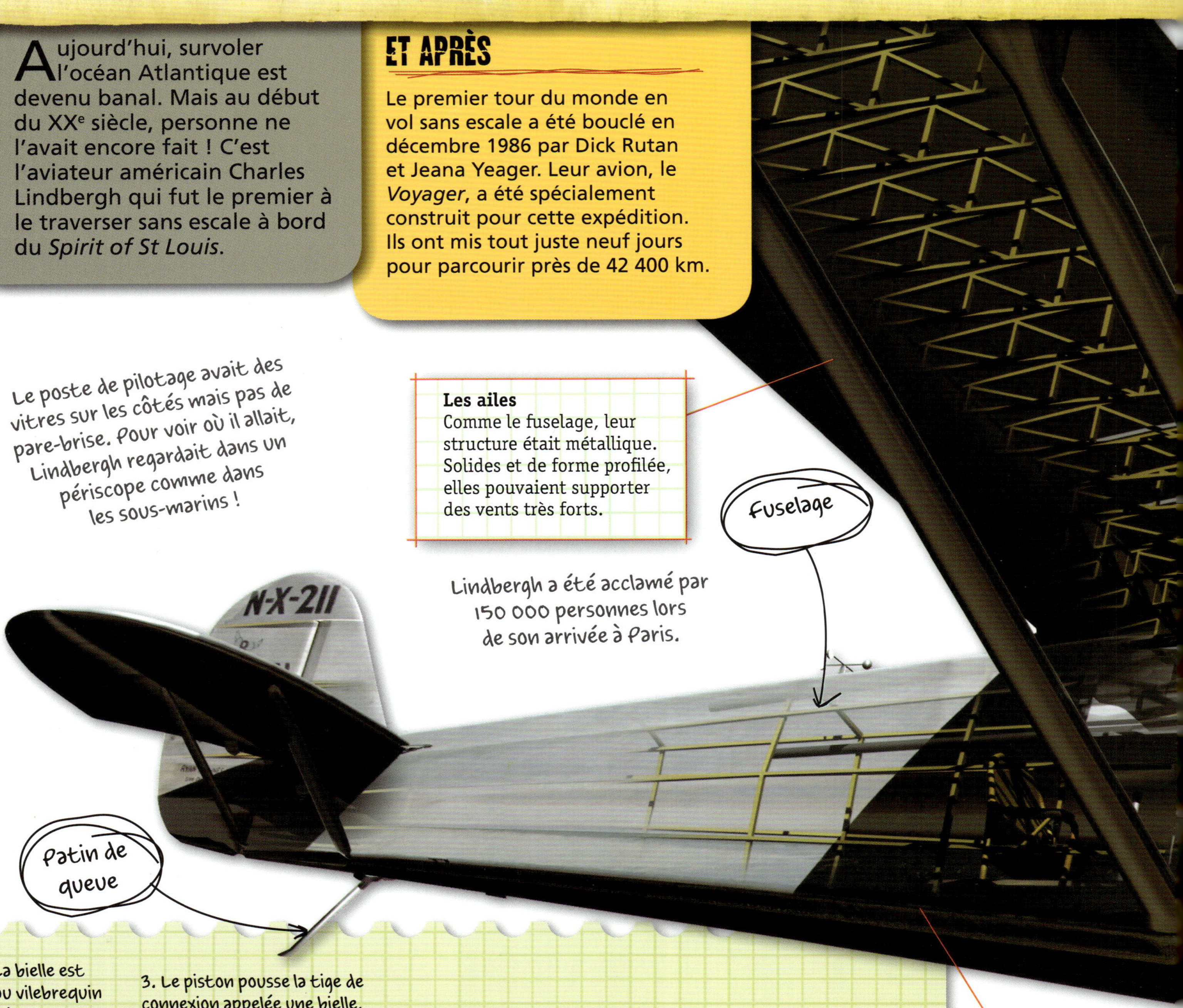

Les ailes
Comme le fuselage, leur structure était métallique. Solides et de forme profilée, elles pouvaient supporter des vents très forts.

Lindbergh a été acclamé par 150 000 personnes lors de son arrivée à Paris.

Structure
Le fuselage était fait de tubes métalliques. Le tout était revêtu de toile traitée puis peint d'une couleur aluminium.

Pour se restaurer lors de son vol, Lindbergh n'avait emporté que deux gourdes d'eau et quatre sandwichs !

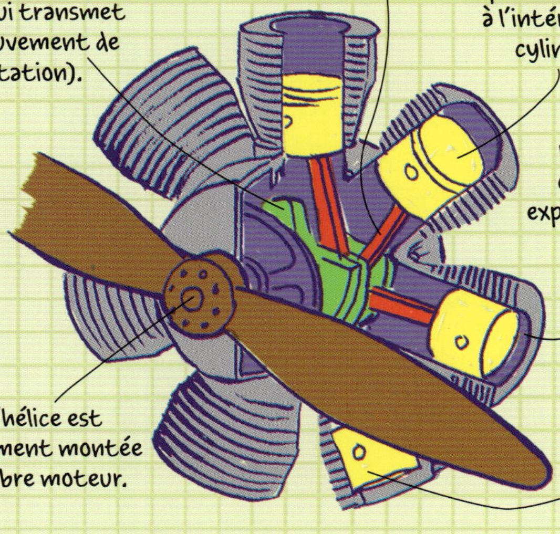

UN MOTEUR À PISTONS
Comment ça fonctionne ?

Dans le moteur, le mélange de carburant et d'air explose à l'intérieur de plusieurs cylindres, et pousse avec une force énorme le piston situé dans chacun d'eux. Cela fait tourner l'arbre moteur puis l'hélice. Dans un moteur à pistons libres, comme ceux des voitures, les cylindres sont alignés sur une même rangée. Dans un moteur en étoile, les cylindres sont disposés en cercle, comme les rayons d'une roue.

Conception en monoplan
Le *Spirit of Saint Louis* était un monoplan car il n'avait qu'une paire d'ailes fixée sur la partie haute du fuselage. L'envergure totale de l'avion mesurait 14 mètres.

Le Spirit of Saint Louis est aussi appelé le Ryan NYP (Ces dernières lettres sont l'acronyme de New York-Paris).

Le cockpit
Son cockpit était si petit que Lindbergh ne pouvait pas étendre ses jambes. Le tableau de bord et les instruments se trouvaient derrière l'énorme réservoir de carburant de 1 700 litres !

Cockpit

Pas de pare-brise !

Wright J-5C Whirlwind
Ayant déjà fait ses preuves, ce moteur en étoile très puissant et fiable avait neuf cylindres et une puissance de 223 chevaux.

Lindbergh a failli plonger dans l'eau car le Spirit of Saint Louis était alourdi par la glace et la neige fondue. Il n'était qu'à 3 m au-dessus des vagues !

Roues profilées

CHANCEUX LINDY

Charles Lindbergh a gagné le Prix Orteig et la somme de 25 000 dollars, pour avoir été le premier à parcourir la distance entre New York et Paris, en avion et sans escale. Il décolla de l'aéroport Roosevelt à New York le 20 mai à 7h52. Il atterrit 33 heures et 29 minutes plus tard à l'aérodrome du Bourget près de Paris. Il parcourut au total une distance de quelque 5 800 km !

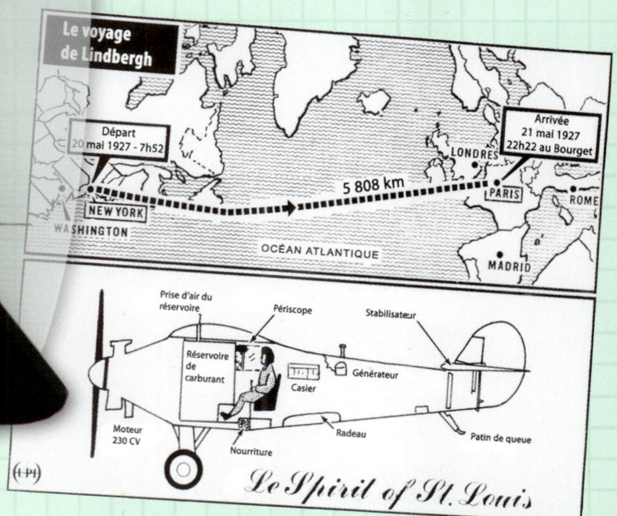

Le voyage de Charles Lindbergh, surnommé « l'aigle solitaire ».

LE SUPERMARINE SPITFIRE

C'est l'un des avions de combat les plus connus au monde. Son premier vol date de 1936 et il fut construit pendant une dizaine d'années. Il a joué un rôle majeur durant la Seconde Guerre mondiale (1939-1945), notamment lors de la bataille d'Angleterre en 1940. Il est considéré comme le plus rapide et le plus agile avion de guerre de cette époque. Le Spitfire a été utilisé jusque dans les années 1950.

EURÊKA

Le Spitfire le plus rapide était capable de chasser des missiles V1 : il volait près d'eux et les écartait à coups d'aile jusqu'à les mettre hors course.

Plus de 20 000 Spitfire ont été construits, nombre que tout autre avion de guerre du même type n'a pu égaler.

Le moteur
Très tôt, le Spitfire a été doté d'un moteur Rolls Royce Merlin, déjà utilisé sur d'autres avions comme le bombardier Lancaster. Plus tard, le Spitfire fut équipé d'un moteur Rolls Royce plus puissant : le Griffon.

Armement
Au départ, les Spitfire ont été dotés de mitrailleuses Browning sur chaque aile. Plus tard, des canons Hispano plus puissants les ont remplacés.

Hélice
Différentes versions du Spitfire ont une hélice dont le nombre de pales pouvait varier de 2 à 6. Ceux qui en avaient le plus étaient les appareils les plus puissants.

LES HÉLICES À PAS RÉGLABLE
Comment ça fonctionne ?

La forme, la longueur et les angles des pales d'hélice sont scrupuleusement étudiés et conçus pour apporter à l'avion la meilleure force de poussée possible. Le Spitfire est doté d'une hélice dont les pales peuvent changer automatiquement d'angle, en fonction de la vitesse de vol. Cela permet d'optimiser la poussée de l'avion.

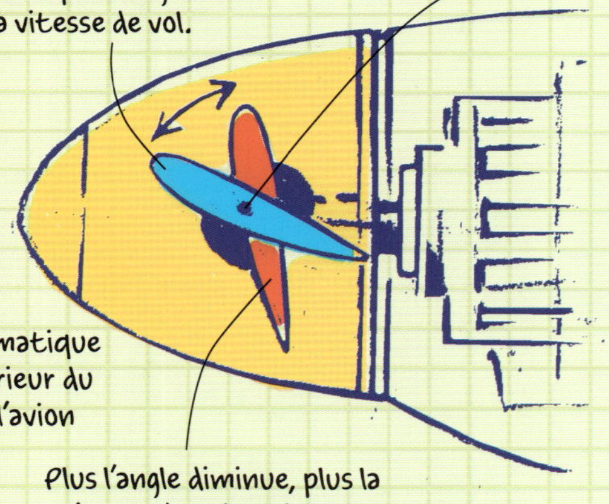

L'avion de guerre Spitfire le plus rapide pouvait atteindre une vitesse de 730 km/h. Conçu pour l'espionnage et les missions nocturnes, cet avion était peint en rose pour être moins visible pendant les levers et couchers de soleil.

ET APRÈS

Aujourd'hui, il reste environ 50 Spitfire dans le monde encore capables de voler. Certains ont un second siège où peut s'installer un passager.

ROLLS ROYCE MERLIN

C'était un moteur 27 litres de cylindrée, en comparaison une voiture familiale classique a un moteur de 2 litres ! Il avait 12 cylindres sur deux rangées de six. On l'appelle un V12. Sa conception a constamment évolué au cours des années. Dans les débuts du Spitfire, il avait une puissance d'environ 1 000 chevaux. Dix ans plus tard, elle avait doublé !

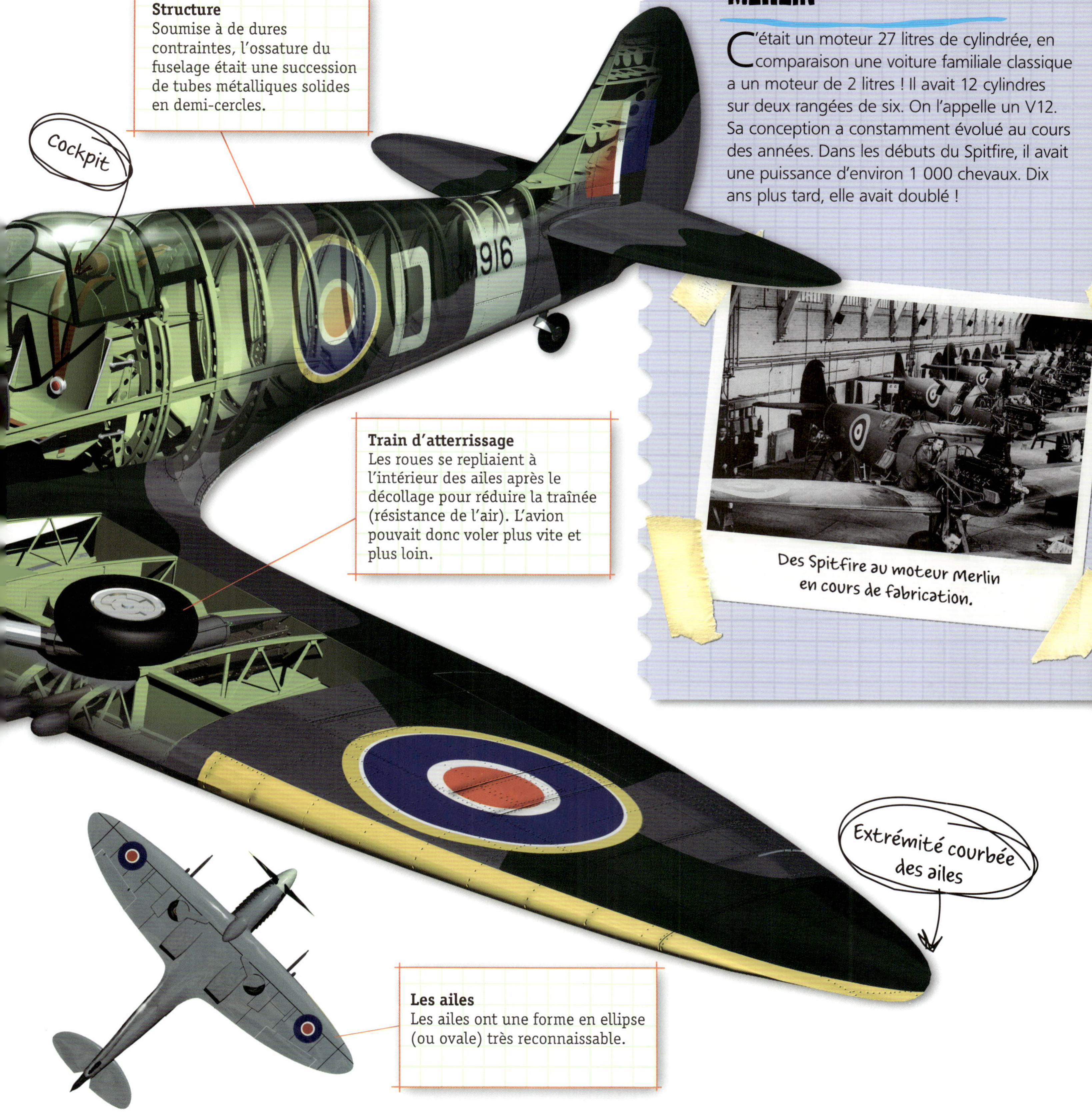

Structure
Soumise à de dures contraintes, l'ossature du fuselage était une succession de tubes métalliques solides en demi-cercles.

Train d'atterrissage
Les roues se repliaient à l'intérieur des ailes après le décollage pour réduire la traînée (résistance de l'air). L'avion pouvait donc voler plus vite et plus loin.

Des Spitfire au moteur Merlin en cours de fabrication.

Les ailes
Les ailes ont une forme en ellipse (ou ovale) très reconnaissable.

LE SHORT SUNDERLAND S 25

Les hydravions n'ont pas besoin de piste d'atterrissage car ils amerrissent, c'est-à-dire qu'ils peuvent utiliser n'importe quelle surface d'eau pour se poser… ou décoller. Depuis la Seconde Guerre mondiale (1939-1945), et ce jusque dans les années 1960, les Sunderland à longue portée patrouillaient les océans pour repérer les dangers, comme les sous-marins ennemis.

EURÊKA

En 1914, la première ligne mondiale par hydravion fut mise en service aux États-Unis. Cette ligne reliait deux villes de Floride, distantes de 32 km. Les hydravions Benoist XIV transportaient trois passagers et chaque voyage durait dix minutes.

ET APRÈS

Aujourd'hui, les hydravions servent surtout au transport de passagers ainsi qu'à la lutte contre les incendies.

La tourelle
Elle est équipée de mitrailleuses Browning calibre .303. Grâce à un système électrique, cette tourelle peut pivoter pour suivre sa cible.

Les moteurs
Les Sunderland les plus puissants ont quatre moteurs Pratt & Whitney R-1830-90B Twin Wasp, chacun doté de 14 cylindres.

Le premier Sunderland vola en 1937 et quelques-uns étaient encore en service 40 ans plus tard.

Coupe du fuselage

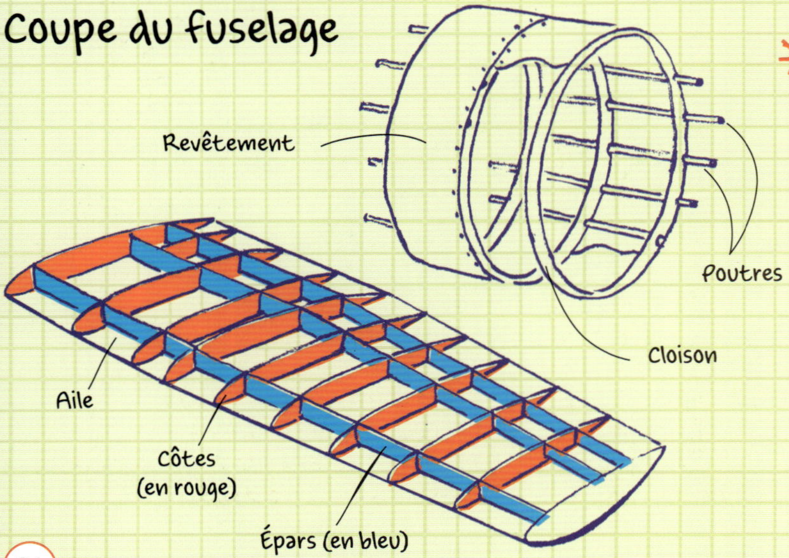

LA CELLULE
Qu'est-ce que c'est ?

La cellule est le squelette de l'avion, soit l'ensemble de la structure du fuselage, des ailes et de la queue. Le fuselage est composé d'une ossature de poutres formant un cercle. Les côtes de l'aile sont incurvées sur toute la largeur et les espars sur toute la longueur. Tous deux sont ordinairement recouverts d'une fine couche d'aluminium très léger.

Le fuselage du Sunderland a été conçu comme celui d'un bateau rapide : il peut donc décoller et atterrir sur une vague.

Le fuselage
Le bas du large fuselage était étanche. L'équipage pouvait marcher sur toute la longueur de l'appareil, du nez jusqu'à la queue ! On montait dans le cockpit par une échelle.

Plus de 740 Sunderland ont été construits. Après la guerre, certains ont été convertis en avion pouvant transporter jusqu'à 24 passagers.

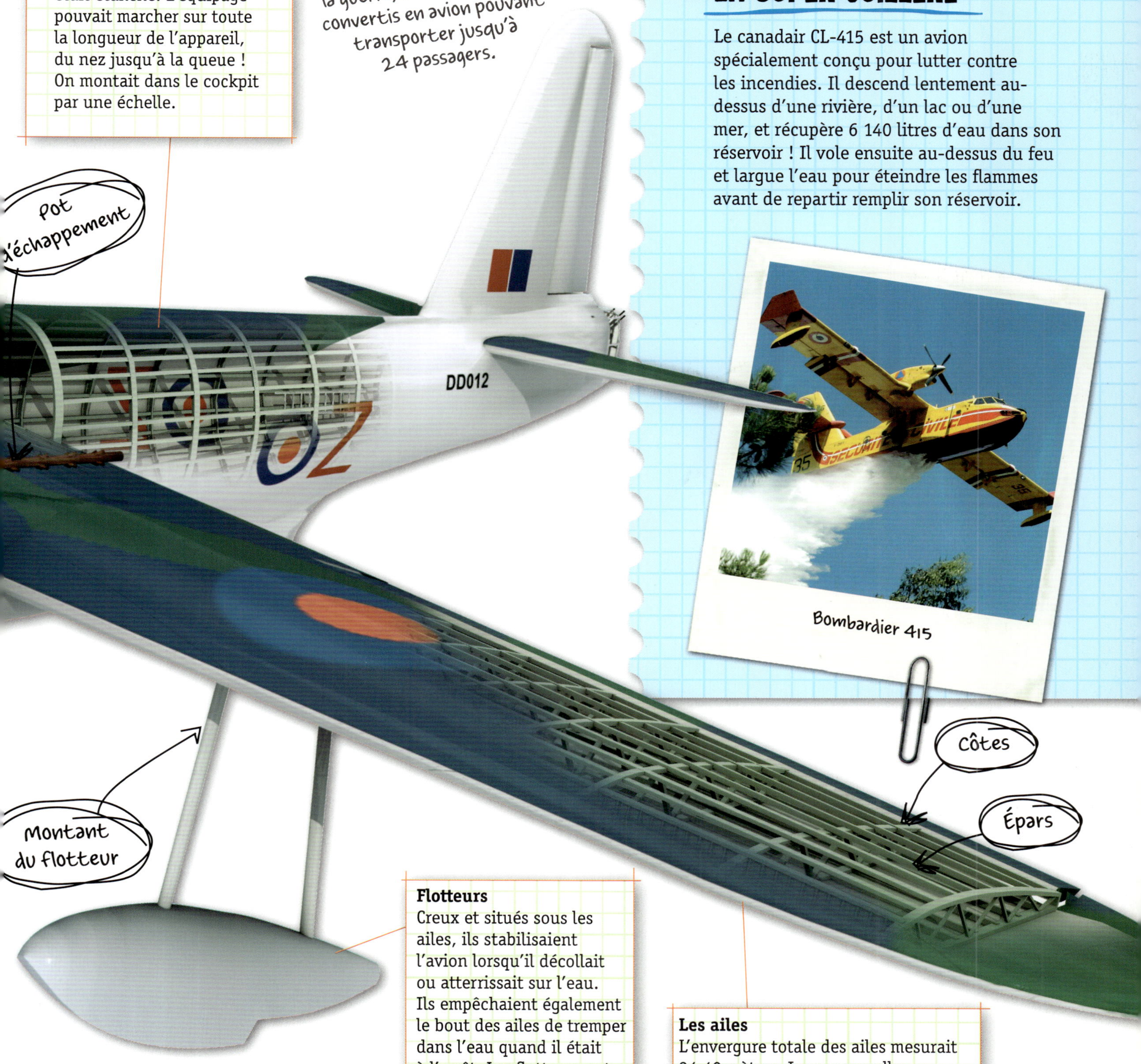

LA SUPER CUILLÈRE

Le canadair CL-415 est un avion spécialement conçu pour lutter contre les incendies. Il descend lentement au-dessus d'une rivière, d'un lac ou d'une mer, et récupère 6 140 litres d'eau dans son réservoir ! Il vole ensuite au-dessus du feu et largue l'eau pour éteindre les flammes avant de repartir remplir son réservoir.

Bombardier 415

Flotteurs
Creux et situés sous les ailes, ils stabilisaient l'avion lorsqu'il décollait ou atterrissait sur l'eau. Ils empêchaient également le bout des ailes de tremper dans l'eau quand il était à l'arrêt. Les flotteurs ont la forme d'une coque de bateau.

Les ailes
L'envergure totale des ailes mesurait 34,40 mètres. Immenses, elles permettaient parfois au Sunderland de planer afin d'économiser le carburant.

Avec leurs très gros réservoirs d'essence, les Sunderland pouvaient voler pendant plus de 15 heures.

LE HAWKER-SIDDELEY HARRIER

C'est l'avion ADAV qui a eu le plus de succès dans le monde. ADAV est l'acronyme de « Aéronef à Décollage et Atterrissage Verticaux ». Cela veut dire que le Harrier peut décoller à la verticale, voler comme un avion ordinaire, faire du surplace et atterrir encore à la verticale, comme un hélicoptère. Le Harrier est apparu dans les années 1960. Une douzaine de Harrier sont encore utilisés à travers le monde.

EURÊKA

Dans les années 1950, un avion expérimental a été testé pour son décollage vertical. Il était si énorme qu'on l'a surnommé le « Flying Bedstead », qui signifie « cadre de lit volant ».

Pilotage
Des pilotes de Harrier disent qu'en vol, l'appareil se comporte comme un avion ordinaire à vitesse rapide. Mais, lorsqu'il se déplace lentement et vole de haut en bas (ou inversement), ils ont l'impression de piloter un hélicoptère !

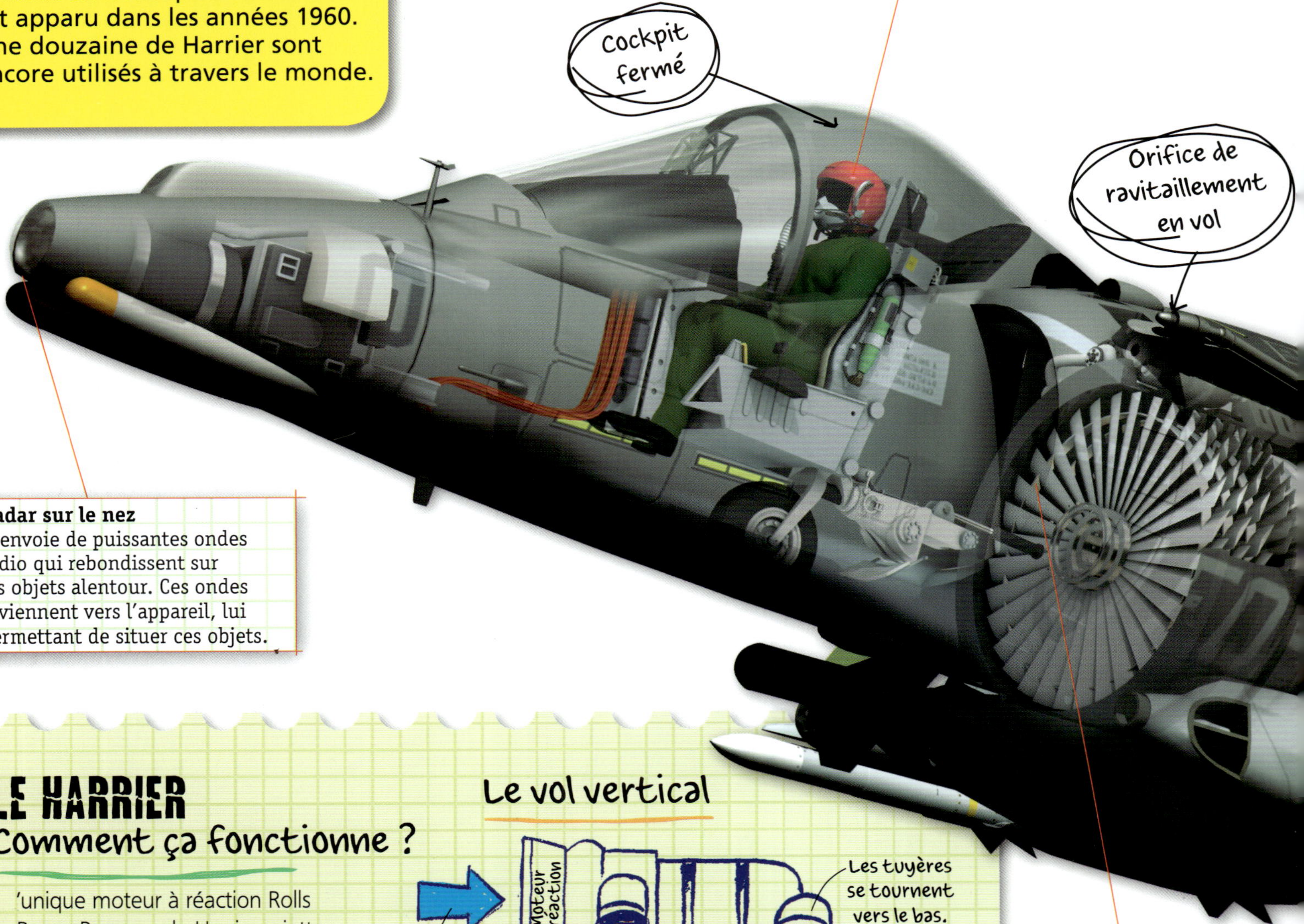

Radar sur le nez
Il envoie de puissantes ondes radio qui rebondissent sur les objets alentour. Ces ondes reviennent vers l'appareil, lui permettant de situer ces objets.

Admission de l'air
L'air est aspiré par une turbine, placée à l'avant du réacteur (moteur à réaction).

LE HARRIER
Comment ça fonctionne ?

L'unique moteur à réaction Rolls Royce Pegasus du Harrier rejette des gaz chauds qui ne s'échappent pas par l'arrière de l'avion, comme habituellement. Ils sont expulsés à grande vitesse par quatre tuyères placées sous les ailes, qui peuvent s'incliner à angle droit (90°). Les tuyères s'inclinent vers le bas pour un atterrissage ou décollage vertical, puis elles pivotent lentement pour se diriger vers l'arrière. Aussitôt, l'avion peut voler à l'horizontale à une vitesse rapide.

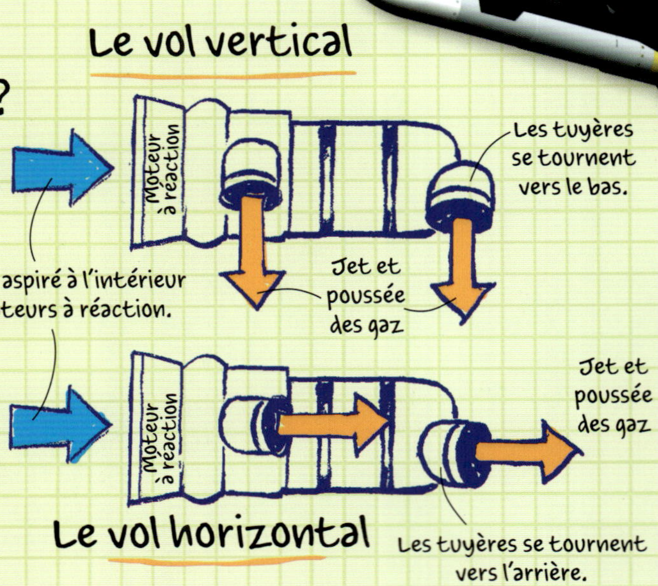

ET APRÈS

En septembre 2008, l'aviateur suisse Yves Rossy a survolé la Manche avec un sac à dos muni de quatre moteurs à réaction. Il a atteint une vitesse de près de 300 km/h et a effectué le voyage de 34 km en moins de 10 minutes !

Les Harrier sont apparus dans de nombreux films, comme le James Bond *Tuer n'est pas Jouer* (1987) et *True Lies* (1994) avec Arnold Schwarzenegger.

Avant que l'avion ne s'écrase, le pilote est éjecté avec son siège.

SORTIE D'URGENCE

De nombreux avions militaires ont des sièges éjectables. En cas d'urgence, le pilote tire un levier qui éjecte la bulle en plastique du cockpit et enclenche une petite fusée située sous le siège. La fusée propulse le siège avec le pilote vers le haut pour le dégager de l'avion… assez haut pour qu'il ne heurte pas la queue de l'appareil. Ensuite, le pilote se détache du siège et atterrit en toute sécurité grâce à un parachute.

Le radar arrière
Une antenne radar située sur la queue de l'appareil détecte les avions, les navires et tout autre objet sur plus de 100 km derrière lui.

Tuyères de la turbine
Les jets de gaz s'échappent par les quatre tuyères pivotantes. Il y en a deux de chaque côté, l'une devant l'autre.

Le Harrier ne peut faire du surplace que pendant 90 secondes… Après, son moteur à réaction commence à surchauffer car il n'est pas refroidi par le déplacement d'air.

Armes
Des capsules détachables contiennent différentes armes comme des fusées et des missiles, ou des réservoirs d'essence supplémentaires pour prolonger l'autonomie de l'avion.

LE LOCKHEED C-130 HERCULES

Le C-130 Hercules est un avion de transport très puissant. Il est capable d'embarquer de gros chargements tout en décollant sur de courtes distances. De plus, il peut prendre son envol depuis une piste herbeuse ou un terrain sableux ! Le C-130 vola pour la première fois en 1954 et une centaine sont toujours en activité dans plus de 60 pays.

EURÊKA

Après l'atterrissage, l'immense avion de transport russe Antonov 124 « s'agenouille ». Le chargement se fait par l'avant : la roue avant se déplace pour que le corps de l'avion touche le sol puis le nez se relève pour un chargement plus facile.

Une version modifiée d'un Hercules a été équipée de fusées obliques en dessous de l'appareil et de moteurs de missile à l'arrière, lui permettant ainsi de décoller et d'atterrir presque comme un hélicoptère !

Les hélices
Très tôt les différents modèles du Hercules étaient dotés de trois ou quatre pales sur chaque hélice. La dernière version, le C-130J Super Hercules, a six pales sur chaque hélice.

La cabine de pilotage
L'équipage standard se compose de cinq personnes : un commandant de bord, un copilote, un navigateur, un ingénieur de vol – qui vérifie les moteurs et le système mécanique – et un arrimeur en charge de la cargaison.

Plus de 2 200 Lockheed C-130 Hercules ont été construits pour 67 pays à travers le monde.

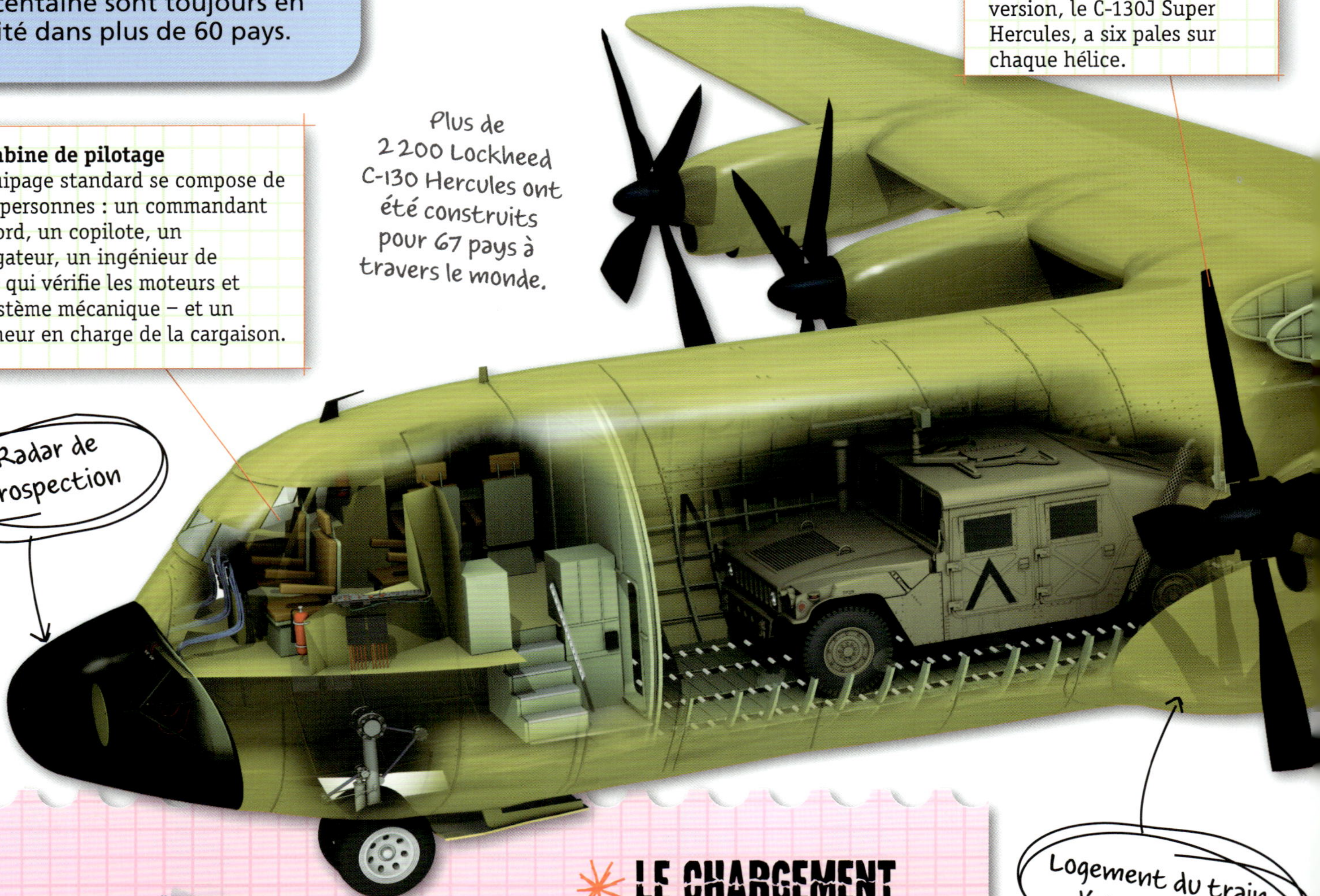

LE CHARGEMENT

Certaines versions du Hercules peuvent contenir jusqu'à 20 tonnes de cargaison. Des véhicules militaires, comme des jeeps et des véhicules blindés, étaient chargés par la rampe à l'arrière qui s'abaissait jusqu'au sol. Ils pouvaient également transporter plus de 100 soldats prêts au combat. Des roulettes étaient fixées sur le plancher de la soute pour mieux faire glisser les caisses de transport.

Des versions du Hercules ont été conçues pour réapprovisionner en carburant d'autres avions en plein vol, servir d'hôpita volant, mener différentes missions de sauvetage, êtr utilisées comme station météo aérienne ou comm canadair.

ET APRÈS

Comment un Hercules peut-il atterrir sur des pistes glacées ou enneigées ? Tout simplement en l'équipant de skis en plus des roues ! Cette version a été appelée le C-130D.

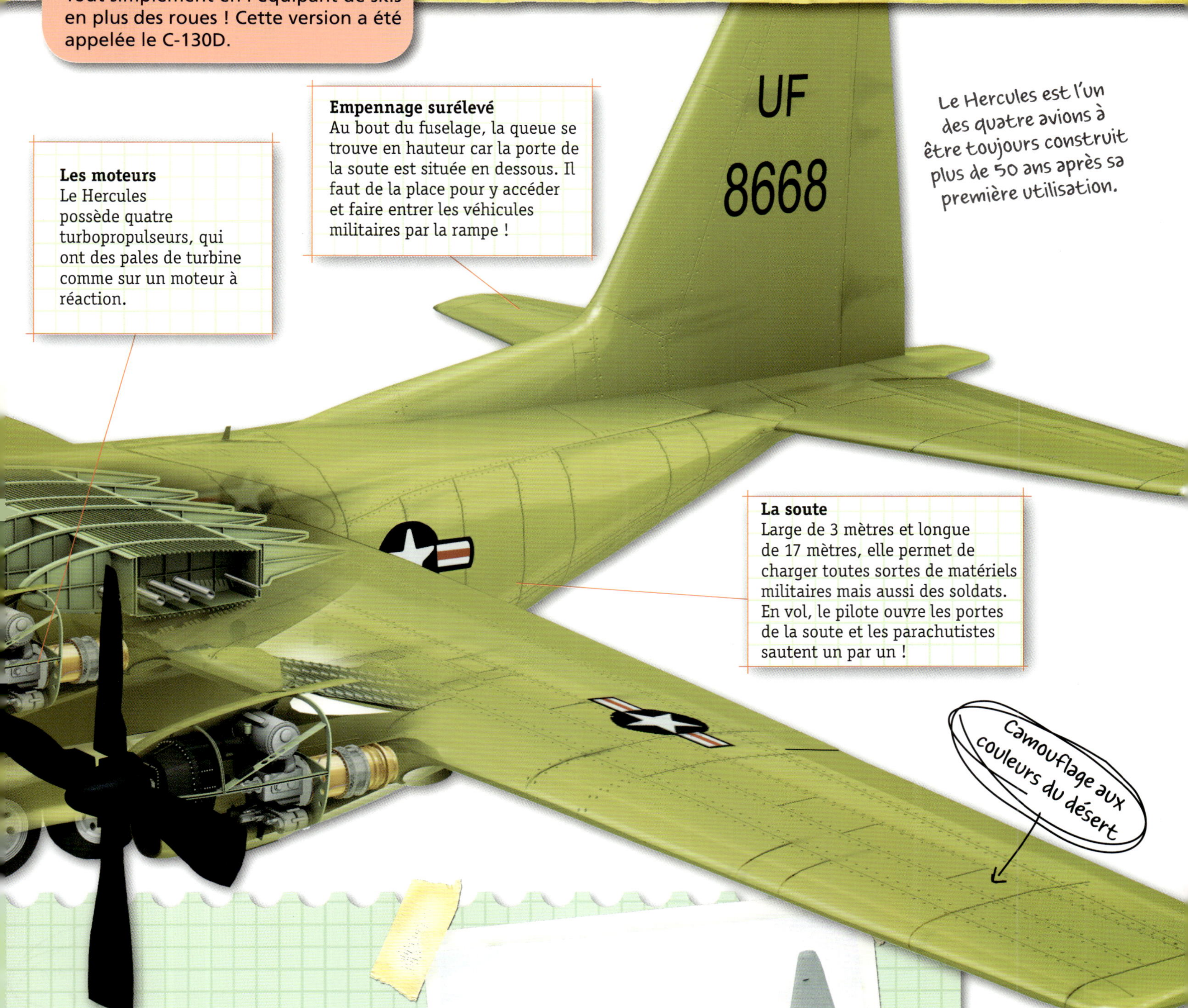

Empennage surélevé
Au bout du fuselage, la queue se trouve en hauteur car la porte de la soute est située en dessous. Il faut de la place pour y accéder et faire entrer les véhicules militaires par la rampe !

Les moteurs
Le Hercules possède quatre turbopropulseurs, qui ont des pales de turbine comme sur un moteur à réaction.

Le Hercules est l'un des quatre avions à être toujours construit plus de 50 ans après sa première utilisation.

La soute
Large de 3 mètres et longue de 17 mètres, elle permet de charger toutes sortes de matériels militaires mais aussi des soldats. En vol, le pilote ouvre les portes de la soute et les parachutistes sautent un par un !

Camouflage aux couleurs du désert

MULTI-ROUES

Les nombreuses roues aux pneus lisses du Hercules permettent de répartir le poids de l'appareil chargé, pesant plus de 70 tonnes. Grâce à elles, l'appareil peut rouler sur des terrains instables : herbe, gravier, terre… Hormis les cargaisons militaires, cet avion est souvent utilisé pour transporter des provisions d'urgence.

En vol, les roues sont rentrées dans la carlingue de l'avion.

LE BOMBARDIER FURTIF B-2 SPIRIT

Aucun autre avion ne ressemble au B-2 Spirit, un bombardier et avion-espion de longue distance. Il n'a pas d'empennage, pas d'aileron ni de fuselage réel. Sa structure en forme d'aile volante a spécialement été conçue pour être extrêmement difficile à détecter : l'avion peut ainsi exécuter des attaques-surprises. Son premier vol s'effectua en 1989.

EURÊKA

Pendant la Première Guerre mondiale (1914-1918), des inventeurs ont tenté de construire des avions invisibles avec un revêtement de cellophane transparent. Mais le soleil se reflétait sur leur surface brillante !

ET APRÈS

De nombreux constructeurs de gros avions expérimentent régulièrement de nouveaux profils d'avions furtifs, comme le Bird of Prey américain, le Sukhoï PAK-FA russe et le J-XX chinois.

Point de sortie des gaz
Le souffle chaud et bruyant des gaz des quatre moteurs à réaction s'échappe par des tuyères en forme de V situées en retrait. Cela permet d'être moins repérable par les détecteurs de chaleur.

Seulement 21 B-2 ont été construits pour la somme de 2 milliards de dollars chacun !

Extrémité des ailes en angle droit

Dispositif de commande
Le B-2 possède des élevons, une combinaison de gouvernes de profondeur et d'ailerons. Certains se divisent en deux volets qui s'ouvrent en même temps pour faire office d'aérofrein.

Les leurres lumineux tirés par cet avion de chasse attirent les missiles à tête chercheuse thermique.

C'EST CHAUD

Les missiles à tête chercheuse thermique ont des capteurs d'infrarouges qui détectent et visent une source chaude… comme les gaz d'échappement d'un avion ennemi par exemple. Pour attirer les missiles loin d'eux, un avion de chasse tire des leurres lumineux dégageant de la chaleur.

Surface ultra-lisse
Non seulement elle ne reflète aucune lumière mais rien n'est apparent : on ne voit ni les réservoirs d'essence, ni les moteurs. On ne distingue qu'une forme en W !

Le B-2 peut atteindre une vitesse d'environ 1 000 km/h mais il n'est pas supersonique. Il peut voler 10 000 km sans se réapprovisionner en carburant.

Les admissions d'air
Les admissions des moteurs sont cachées dans l'épaisseur des ailes.

La forme du B-2
N'ayant ni queue ni fuselage, on appelle le B-2 l'aile volante. L'envergure totale des ailes est de 52 mètres mais l'avion ne mesure que 21 mètres de long !

Peinture spéciale
Elle est conçue pour absorber les ondes radio. Ainsi, elles ne rebondissent pas sur la carlingue de l'avion et ce dernier n'est pas détecté par les radars. Cette peinture est très sensible à la chaleur et au froid, les B-2 sont donc conservés dans des hangars à air conditionné.

Avec un réapprovisionnement de carburant en vol, les B-2 peuvent exécuter des missions sans escale de plus de 50 heures.

LA FURTIVITÉ
Comment ça fonctionne ?

Un avion furtif comme le B-2 est très difficile à détecter à l'œil nu, au son, avec des détecteurs infrarouges et même avec des radars. Les formes arrondies des surfaces de l'avion ainsi que ses contours en W brisent en de nombreux petits rayons les signaux radars. Ils repartent dans plusieurs directions et ne peuvent pas retourner vers le radar émetteur.

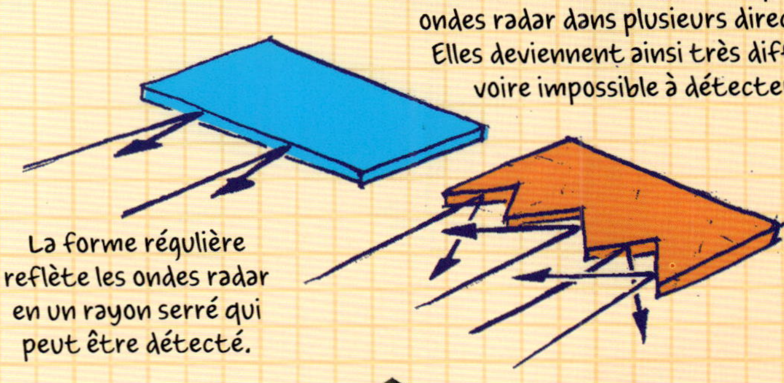

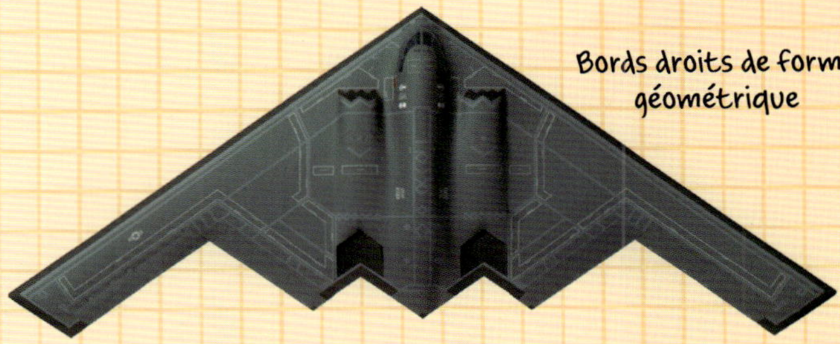

L'AIRBUS A380

Le plus gros-porteur du monde est l'avion de ligne A380. Il a fait son premier vol en 2005 et fut mis en service régulier en 2007. Il possède un double pont : deux cabines sur presque toute la longueur du fuselage. Il y a un autre étage tout en dessous : la soute à bagage. Certains A380 sont des charters qui ne possèdent que des classes économiques. D'autres ont trois catégories de voyageurs.

EURÊKA

En 1940, le Boeing 307 Stratoliner a été le tout premier avion de ligne à être doté d'une cabine pressurisée. Grâce à cela, il pouvait voler à haute altitude sans que les passagers ne souffrent du manque d'oxygène.

ET APRÈS

Airbus a pour projet de construire l'A380-900, une version plus longue de 6,40 mètres que l'A380 classique, qui contiendra une centaine de passagers en plus.

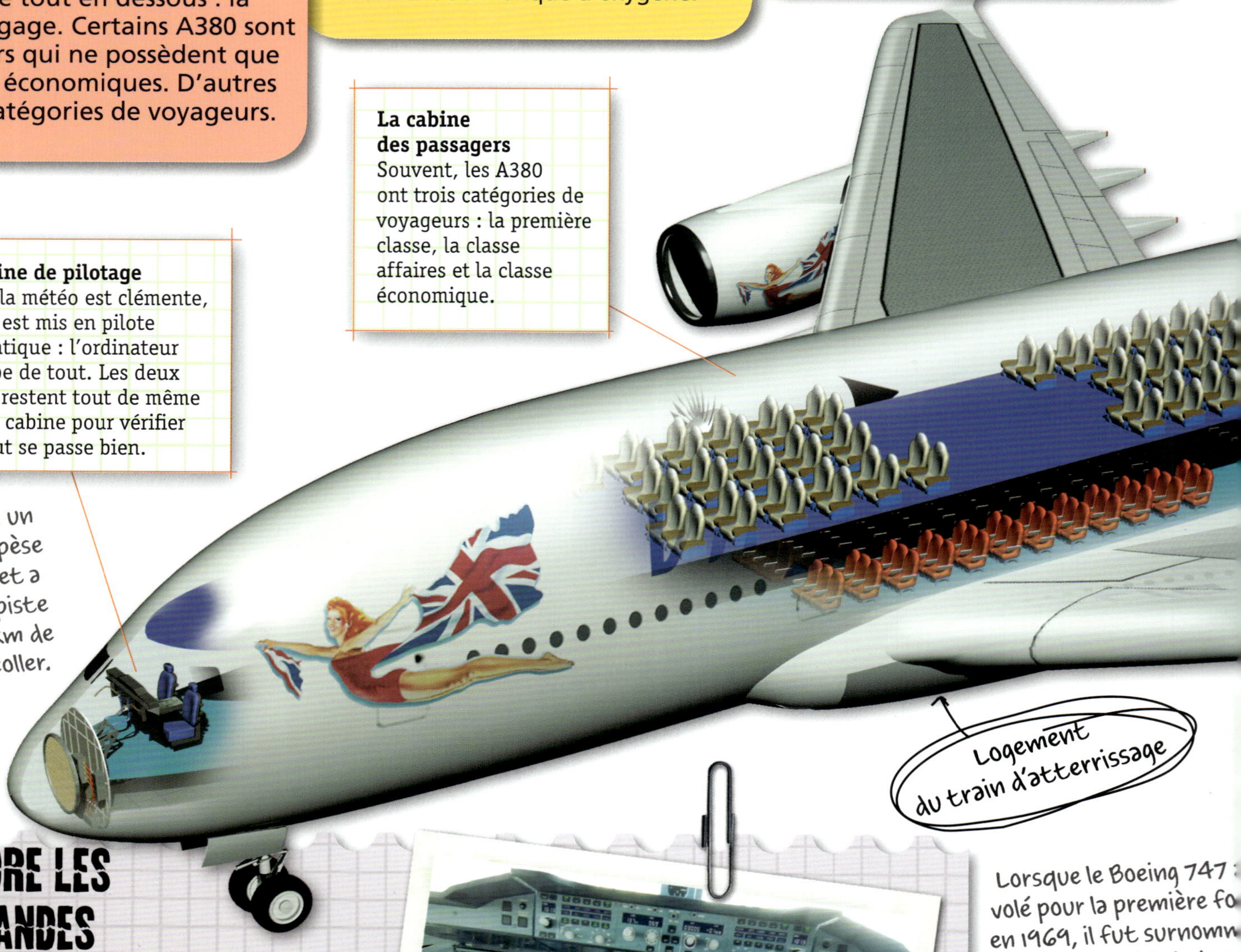

La cabine des passagers
Souvent, les A380 ont trois catégories de voyageurs : la première classe, la classe affaires et la classe économique.

La cabine de pilotage
Quand la météo est clémente, l'avion est mis en pilote automatique : l'ordinateur s'occupe de tout. Les deux pilotes restent tout de même dans la cabine pour vérifier que tout se passe bien.

Au décollage, un A380 chargé pèse 560 tonnes et a besoin d'une piste de près de 3 km de long pour décoller.

PRENDRE LES COMMANDES

Dans la cabine de pilotage, on trouve une multitude de boutons, d'écrans, de cadrans, de leviers… Une petite partie de ces appareils sert à piloter mais bien d'autres sont des instruments de contrôle. La moindre défaillance de l'avion est signalée aux pilotes car l'engin tout entier est sous le contrôle d'un ordinateur de bord. Après le décollage, l'A380 est mis sous pilote automatique quand la météo le permet ! Mais les deux pilotes reprennent les commandes pour l'atterrissage.

La cabine de pilotage de l'A380 possède de nombreux instruments de pilotage et de contrôle.

Lorsque le Boeing 747 a volé pour la première fo[is] en 1969, il fut surnomm[é] le Jumbo Jet (avion géant). L'A380 étant bien plus gros, on l'a appelé le Super Jumb[o] (super géant).

Les sièges
Quand on est en classe affaires ou en première classe, les sièges sont très espacés les uns des autres, permettant aux voyageurs de prendre leurs aises. On peut même s'allonger en les inclinant, pour regarder un film ou dormir !

L'A380 peut contenir jusqu'à 853 passagers : 538 personnes sur le pont inférieur et 315 à l'étage supérieur.

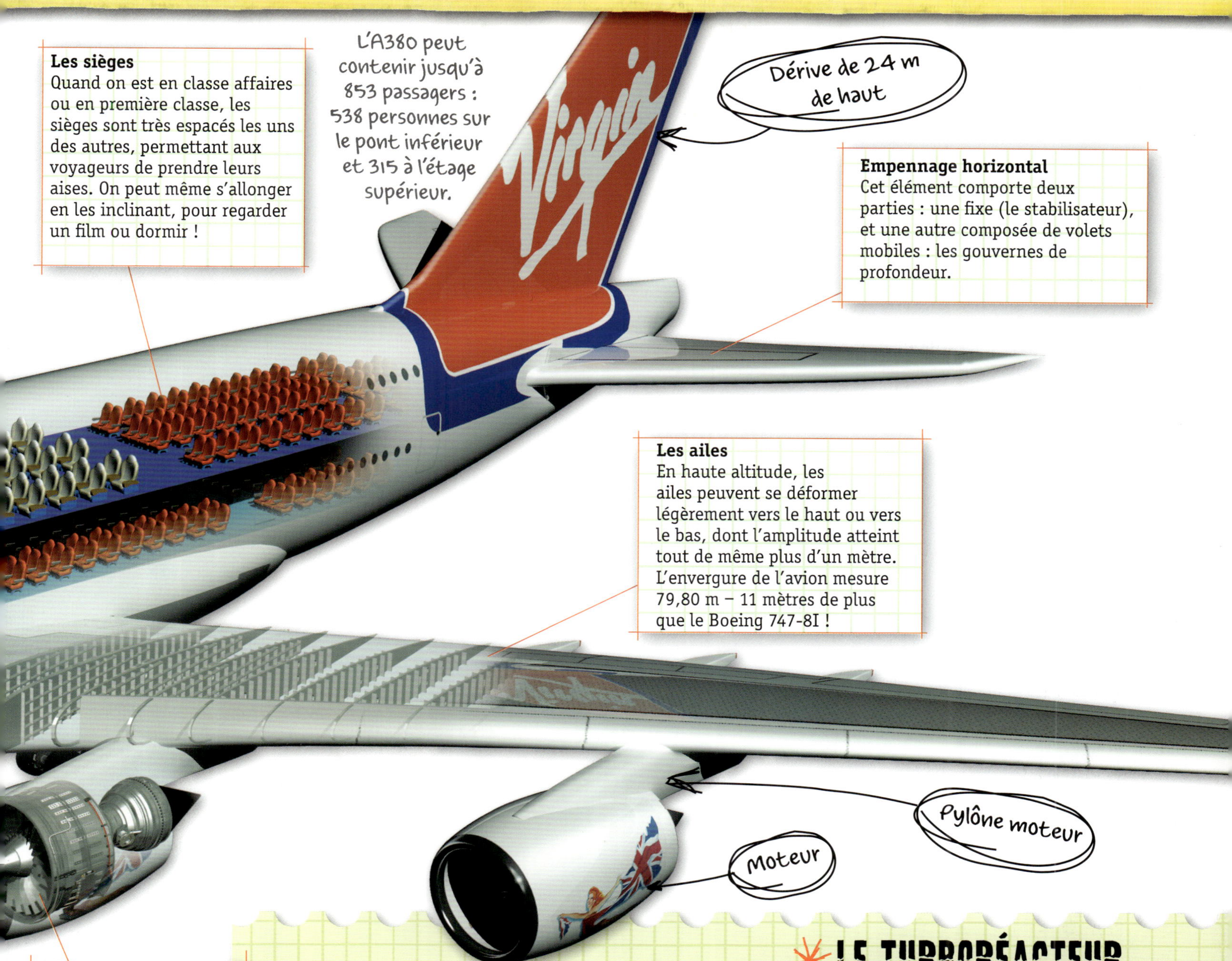

Empennage horizontal
Cet élément comporte deux parties : une fixe (le stabilisateur), et une autre composée de volets mobiles : les gouvernes de profondeur.

Les ailes
En haute altitude, les ailes peuvent se déformer légèrement vers le haut ou vers le bas, dont l'amplitude atteint tout de même plus d'un mètre. L'envergure de l'avion mesure 79,80 m – 11 mètres de plus que le Boeing 747-8I !

Le turboréacteur
Les avions de ligne ont le choix entre deux turboréacteurs : le Rolls Royce Trent 900 ou l'Alliance GP7200. Ils sont maintenus sous les ailes par les pylônes. L'A380 possède quatre turboréacteurs, lui permettant d'aller à 900 km/h !

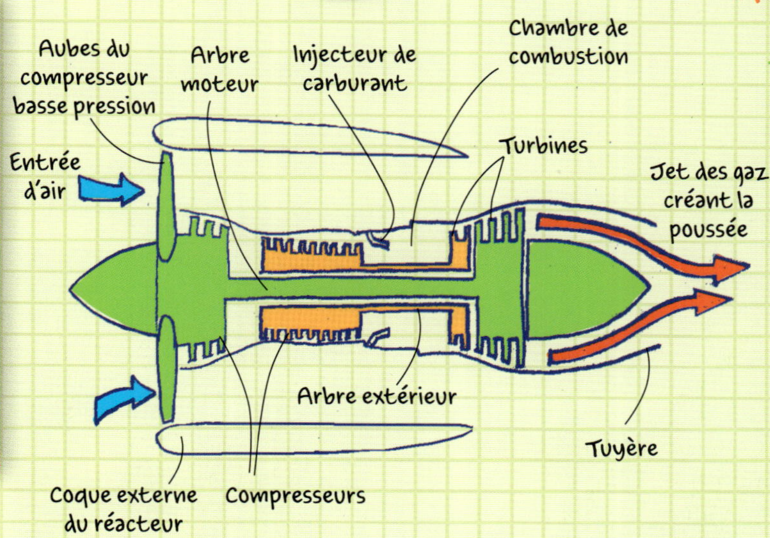

LE TURBORÉACTEUR
Comment ça fonctionne ?

Un turboréacteur est un moteur à réaction muni d'un compresseur : des aubes tournent très rapidement pour aspirer l'air à l'avant du moteur afin de le comprimer. À l'intérieur, le carburant mélangé à cet air est brûlé, ce qui crée de la chaleur et des gaz chauds. Ces derniers sont expulsés et jaillissent d'une tuyère à l'arrière du moteur… provoquant la poussée qui propulse l'avion vers l'avant.

LE F-35B LIGHTNING

C'est l'un des avions les plus perfectionnés du monde. Le chasseur et bombardier militaire F-35 Lightning a volé pour la première fois en 2008. Cet engin est une version spéciale d'ADAV – Aéronef à Décollage et Atterrissage Verticaux. En utilisant la soufflante verticale intégrée au fuselage, l'avion n'a besoin que d'une piste très courte pour décoller. Il est aussi capable d'atterrir verticalement !

EURÊKA

Dans les années 1920, des expériences de soufflante pour un décollage et un atterrissage verticaux ont été réalisées sur des avions à hélice. Mais les moteurs de l'époque ne produisaient pas assez de puissance pour entraîner à la fois les hélices et les soufflantes !

ET APRÈS

Le F-35B Lightning II partage les mêmes capacités de furtivité que le F-22 Raptor mais ce dernier n'a pas de soufflante pour des atterrissages (ou décollages) sur de courtes pistes.

Dérives
Comme beaucoup d'avions de guerre modernes, le F-35B en a deux, possédant chacun une gouverne de direction. Cela permet un meilleur contrôle, surtout lors de vols lents, au décollage et à l'atterrissage depuis un porte-avions.

L'empennage amovible
Pour des montées très rapides ou des descentes en piqué, ces deux empennages s'inclinent pour jouer le rôle de gouvernes de profondeur.

Le turboréacteur à postcombustion
L'unique moteur à réaction est soit un Pratt & Whitney F135, soit un General Electric Rolls Royce F136.

LA SOUFFLANTE DU F-35 B

Comment ça fonctionne ?

Située juste derrière le cockpit, elle ressemble à un gros ventilateur. Elle joue le même rôle que le rotor d'un hélicoptère. Elle est actionnée par un arbre en rotation entraîné par le moteur principal. L'air y est aspiré par le haut et est rejeté à grande vitesse en dessous pour pousser l'avion vers le haut.

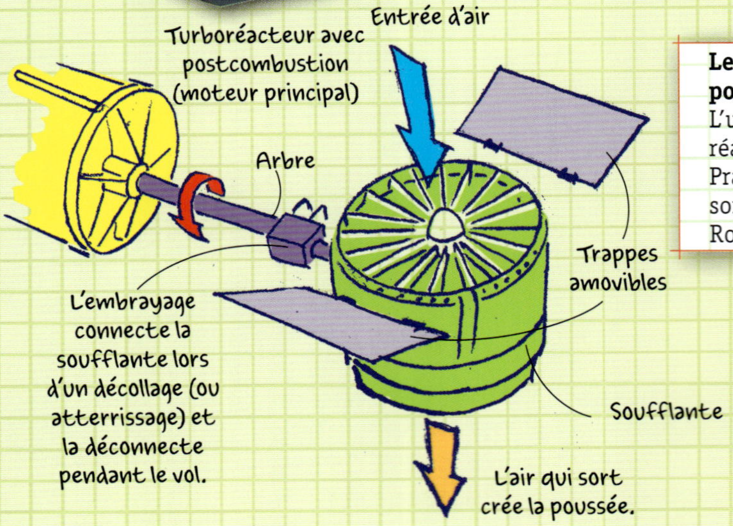

Détecteurs
Des petits capteurs avec des caméras, des lasers et des détecteurs de chaleur sont dispersés sur tout le F-35B. Ils détectent tous les objets qui se déplacent à proximité, que ce soit des avions amis ou des missiles ennemis.

Le surnom de « Lightning » a été utilisé pour de vieux avions de guerre, comme par exemple le Lockheed P-38 Lightning de la Seconde Guerre mondiale et le English Electric Lightning des années 1960.

UN TURBORÉACTEUR AVEC POSTCOMBUSTION
Comment ça fonctionne ?

Il fonctionne comme un turboréacteur (voir page 33) : l'air est aspiré par l'avant, compressé, brûlé avec le carburant et les gaz sont éjectés… mais, avant qu'ils ne s'échappent, du carburant est rajouté et brûle l'oxygène qui n'a pas été consommé dans la chambre de combustion. Cela crée plus de gaz donc plus de poussée. Néanmoins, un turboréacteur avec postcombustion est plus bruyant et consomme plus de carburant.

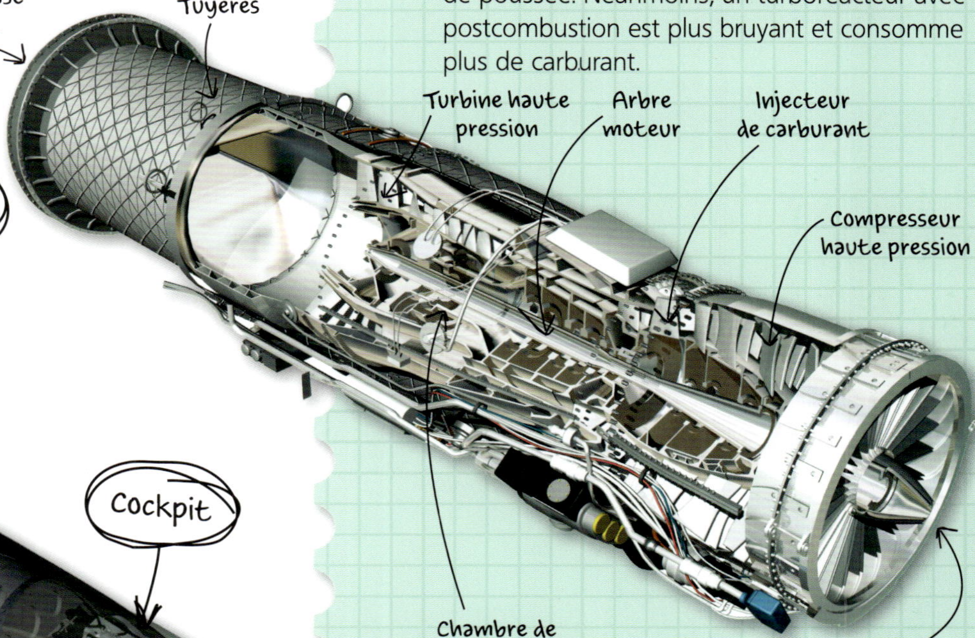

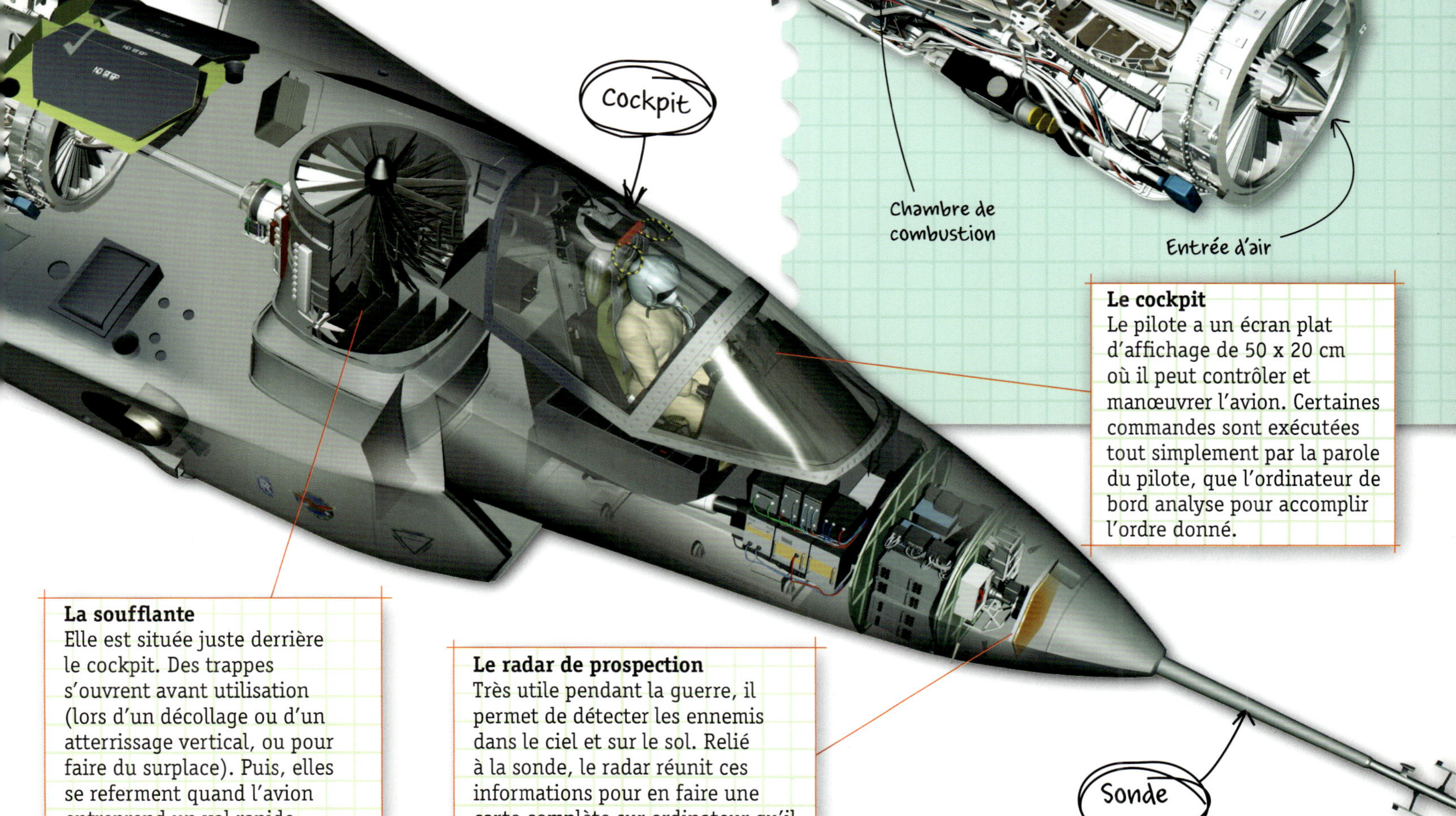

Le cockpit
Le pilote a un écran plat d'affichage de 50 x 20 cm où il peut contrôler et manœuvrer l'avion. Certaines commandes sont exécutées tout simplement par la parole du pilote, que l'ordinateur de bord analyse pour accomplir l'ordre donné.

La soufflante
Elle est située juste derrière le cockpit. Des trappes s'ouvrent avant utilisation (lors d'un décollage ou d'un atterrissage vertical, ou pour faire du surplace). Puis, elles se referment quand l'avion entreprend un vol rapide.

Le radar de prospection
Très utile pendant la guerre, il permet de détecter les ennemis dans le ciel et sur le sol. Relié à la sonde, le radar réunit ces informations pour en faire une carte complète sur ordinateur qu'il envoie ensuite au pilote !

LE BOEING CH-47 CHINOOK

Le lourd hélicoptère Chinook est principalement utilisé par l'armée. Il possède un rotor à l'avant et un autre à l'arrière, situé légèrement plus haut. Grâce à ces deux rotors, le Chinook peut soulever de lourds équipements militaires suspendus sous l'appareil et transporter de nombreux soldats.

EURÊKA

En 1939, l'ingénieur Igor Sikorsky est le premier à avoir construit un hélicoptère dont le concept est encore utilisé aujourd'hui. Il a inventé de nombreuses machines volantes expérimentales avant d'y arriver !

L'hélicoptère est capable d'effectuer des vols stationnaires qui lui permettent de livrer des cargaisons dans des endroits inaccessibles par tout aéronef ou véhicule.

Les pales du rotor
Au nombre de trois, elles tournent près de 4 fois par seconde. Autrefois en métal, les pales sont faites maintenant d'un matériau composite avec de la fibre de verre. Le diamètre du rotor principal est de 18,30 m.

Le rotor principal
Le rotor principal tourne dans un sens et le rotor de queue tourne dans la direction opposée du principal, les deux forces s'annulent et le corps de l'hélicoptère est stable.

Les Chinook transportent aussi des gens et des provisions, dans un but humanitaire. Ils sont aussi utilisés dans les exploitations forestières ou pour la lutte contre les incendies.

Nez armé d'un lance-grenades

La cabine de pilotage
Ici, s'installent trois hommes : le commandant de bord s'assied sur le siège de gauche, avec le copilote à sa droite. L'ingénieur de vol – qui détecte les pannes et répare l'appareil – se trouve derrière eux.

Sabord (ouverture) pour les mitrailleuses

Contrairement à l'hélicoptère, l'autogire ne peut ni décoller ni atterrir verticalement... ni faire du vol stationnaire non plus.

L'AUTOGIRE

Ancêtre de l'hélicoptère, cet appareil volant possède un moteur pour entraîner une hélice mais le rotor n'en a pas. Ses pales tournent par sustentation, c'est-à-dire grâce aux déplacements de l'autogire dans les airs, propulsé par l'hélice !

ET APRÈS

Le Solotrek est un hélicoptère personnel. Il est équipé de deux rotors dans des anneaux ouverts, placés au-dessus de la tête du pilote. Ce dernier est fixé sur une structure semblable à une chaise.

Le Chinook a été nommé ainsi d'après les vents du nord-ouest américain. Ils sont chauds, secs et soufflent en rafales vers le bas, tout comme les pales des rotors de l'appareil.

La cabine
Mesurant presque 26 m de long, la cabine peut contenir jusqu'à 44 soldats, 24 blessés sur civière ou 7 tonnes de cargaison.

Les moteurs
Il y a deux turbomoteurs Lycoming, un de chaque côté sous le rotor de queue. Ils possèdent des turbines, comme les moteurs à réaction. La poussée est générée par le mouvement d'un arbre. La vitesse maximum du Chinook est de plus de 300 km/h.

Boîte de transmission
Ce dispositif est primordial sur un hélicoptère car c'est lui qui transmet la puissance des moteurs vers les rotors.

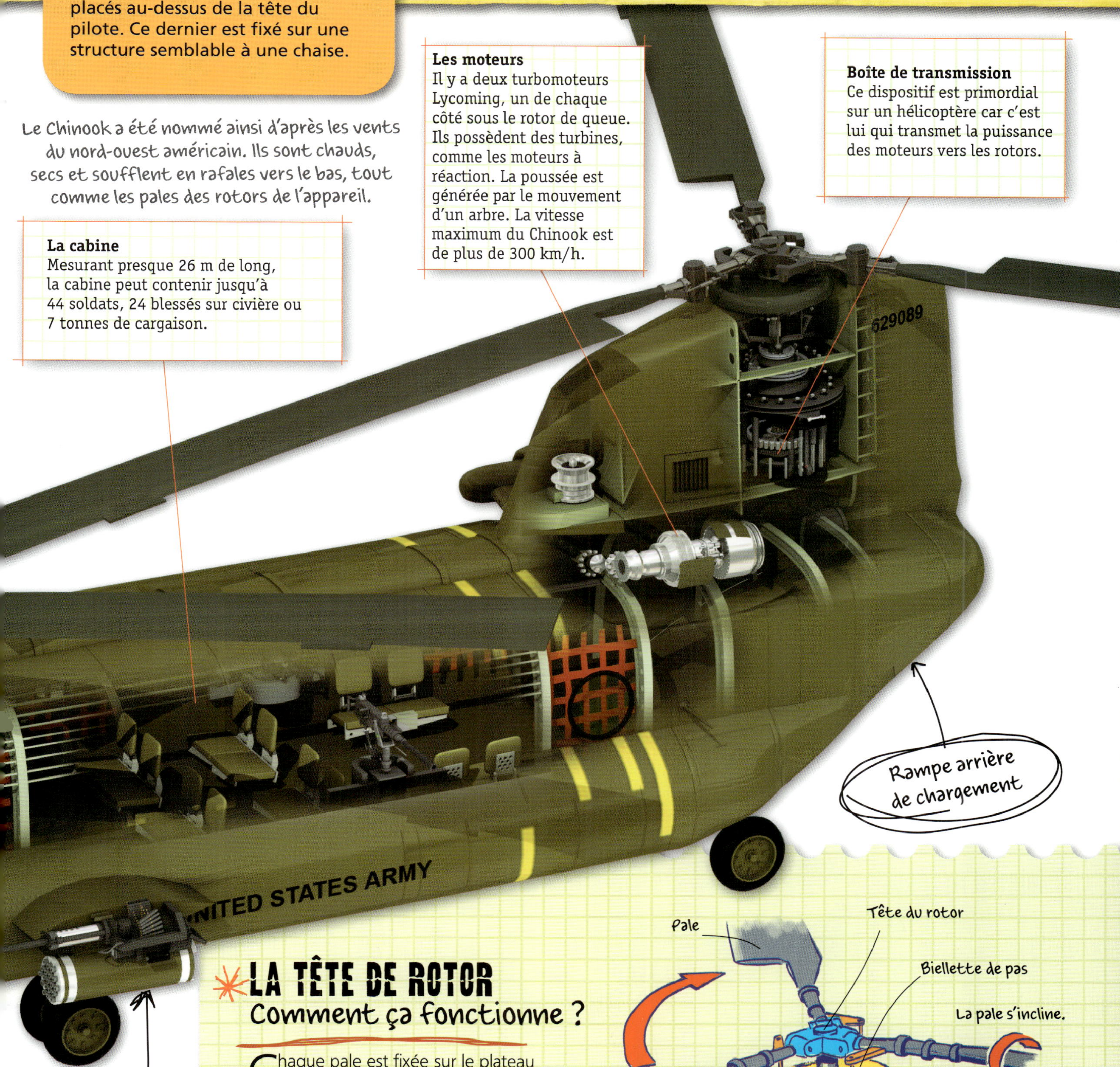

LA TÊTE DE ROTOR
Comment ça fonctionne ?

Chaque pale est fixée sur le plateau supérieur mobile par une biellette de pas. Grâce à ces biellettes, les pales s'abaissent ou se relèvent. Ainsi, le pilote peut contrôler la montée, la descente ou l'inclinaison de l'hélicoptère. Les pales pivotent également sur elles-mêmes, augmentant ou diminuant leur portance : l'appareil peut aller plus ou moins vite… voire même faire du surplace.

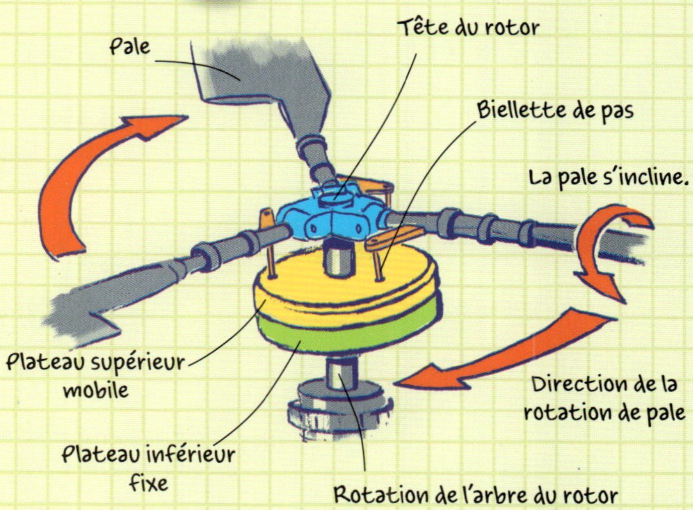

GLOSSAIRE

ADAC
« Aéronef à Décollage et Atterrissage Courts » : appareil pouvant décoller et atterrir sur une très courte distance

ADAV
« Aéronef à Décollage et Atterrissage Verticaux » : appareil décollant et atterrissant verticalement… du haut vers le bas, et vice-versa

AÉRONEF
Tout appareil capable de s'élever et de se déplacer dans les airs

AÉROSTAT
Tout appareil capable de s'élever et de se déplacer dans les airs en employant un gaz plus léger que l'air ambiant : air chaud, hydrogène, hélium…

AILERON
Volet mobile, souvent placé à l'arrière de l'aile, permettant de faire virer l'avion. Ce déplacement s'appelle le roulis.

ARBRE
Axe central qui transmet (ou reçoit) un mouvement de rotation, le faisant donc tourner sur lui-même

BIPLAN
Avion avec deux paires d'ailes placées l'une au-dessus de l'autre

BORD D'ATTAQUE
Situé à l'avant, c'est le côté le plus épais de l'aile.

BORD DE FUITE
Situé à l'arrière, c'est le bord le plus mince de l'aile.

CÂBLES DE CONTREVENTEMENT
Câbles fins de métal tendus entre les différentes parties d'un engin volant, maintenues ensemble afin d'être plus solides face aux vents forts

CANADAIR
Avion transportant de l'eau qu'il largue au-dessus des forêts incendiées pour éteindre le feu. On l'appelle aussi bombardier d'eau.

CELLULE
Cadre intérieur (ou squelette) d'un avion

COCKPIT
Habitacle où s'installent les (ou le) pilotes. On l'appelle aussi cabine ou poste de pilotage

CÔTE
Pièce incurvée en bois ou en métal constituant le squelette de l'aile sur toute sa largeur

ÉLEVON
Volet mobile d'une aile volante ou d'un avion sans queue, qui combine le rôle d'une gouverne de profondeur et d'un aileron

EMPENNAGE
Queue de l'avion. La partie verticale de l'empennage est composée de la dérive (élément fixe) et de la gouverne de direction (volet mobile). L'horizontale est faite du stabilisateur (élément fixe) et des gouvernes de profondeur (volets mobiles).

ENVELOPPE
Partie principale d'une montgolfière, où l'air chaud entre à l'intérieur pour soulever le tout.

ENVERGURE
Distance de l'extrémité d'une aile à l'autre

ESPAR
Pièce incurvée en bois ou en métal constituant le squelette de l'aile sur toute sa longueur

FURTIVITÉ
Capacité d'un avion à être difficilement repérable par la vue, le bruit, les radars ou les détecteurs infrarouges

FUSELAGE
Corps principal d'un avion, généralement long et en forme de tube

GOUVERNE DE DIRECTION
Volet mobile, situé sur l'empennage vertical de la queue, permettant de faire tourner l'avion à gauche ou à droite. Ce déplacement s'appelle le lacet.

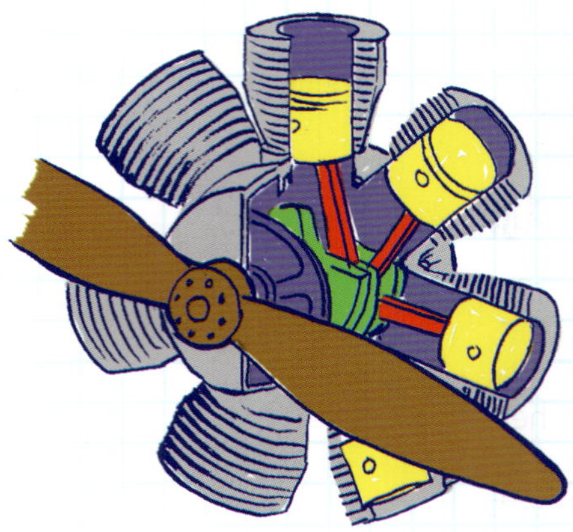

GOUVERNE DE PROFONDEUR

Volet mobile, situé sur l'empennage horizontal de la queue, permettant d'incliner l'avion vers le haut ou vers le bas. Ce déplacement s'appelle le tangage.

INFRAROUGE

Les rayons infrarouges ne peuvent pas être vus mais ils dégagent de la chaleur. Ils sont émis par des corps chauds. On peut les détecter grâce à des capteurs infrarouges.

LACET

Mouvement de l'avion vers la gauche ou la droite

MONOPLAN

Avion qui ne possède qu'une paire d'ailes. Ceux qui en ont deux se nomment des biplans, trois des triplans…

PALE

Partie longue et mince d'une hélice ou d'un rotor d'hélicoptère. Certaines hélices ont six pales voire plus.

PLAN CANARD

Configuration d'un avion dont les stabilisateurs (parties horizontales de l'empennage) sont situés devant les ailes principales, et non sur la queue.

POUSSÉE

Force qui pousse un objet vers l'avant. Cette force est provoquée par le mouvement rapide des pales d'une hélice ou du rejet puissant de gaz chauds dans un moteur à réaction, turboréacteur...

RADAR

Appareil qui envoie des ondes radio autour de lui. Ces ondes rebondissent sur les objets alentour puis reviennent vers le radar, permettant ainsi de les situer. Le radar peut donc repérer d'autres avions ou des missiles dans un rayon donné, et ce même la nuit ou par temps de brouillard.

ROULIS

Mouvement d'un avion se penchant pour virer d'un côté ou de l'autre

STABILISATEUR

Surface plane et fixe de l'empennage horizontal, permettant à l'avion de garder son équilibre lors de son vol.

SUPERSONIQUE

Dont la vitesse est supérieure à celle du son (1 227,60 km/h).

TANGAGE

Mouvement d'un avion se cabrant vers le haut ou pointant du nez vers le bas

TRAIN DATTERRISSAGE

Dispositif situé sous un avion pour lui permettre de décoller et d'atterrir. Il peut être fixe, ou replié après utilisation afin que l'appareil génère moins de traînée (résistance à l'air). Les trains d'atterrissage sont équipés de roues, de patins ou de flotteurs.

TRAÎNÉE

Résistance de l'air qui freine un avion dans son avancée. La traînée et la poussée sont deux forces opposées.

Hélice à pas réglable

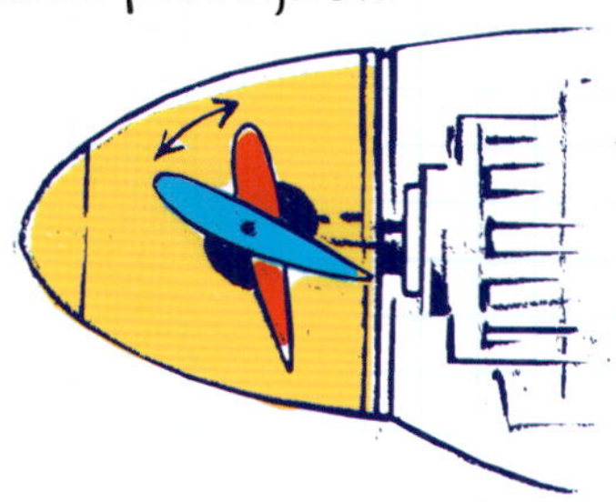

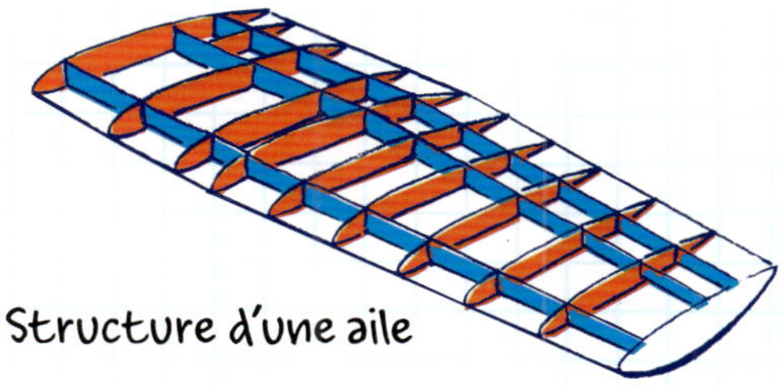

Structure d'une aile

TURBOMOTEUR

Moteur à réaction dont les turbines font tourner un arbre. La poussée de l'aéronef est donc générée par ce mouvement, et non par les gaz chauds sortant des tuyères.

TURBORÉACTEUR

Moteur à réaction dans lequel l'air est comprimé avant d'être brûlé avec le carburant. Cela provoque une explosion qui crée de la chaleur et des gaz chauds éjectés d'une tuyère, générant ainsi la poussée de l'avion.

TURBORÉACTEUR À POSTCOMBUSTION

Moteur à réaction dans lequel l'air est comprimé avant d'être brûlé avec le carburant. Cela provoque une explosion qui crée de la chaleur et des gaz chauds. Ces gaz sont brûlés de nouveau dans une chambre avant d'être évacués, générant plus de puissance qu'un turboréacteur simple. Cependant, ce dispositif nécessite plus de carburant et est plus bruyant.

TUYÈRE

Tuyau situé au bout d'un moteur, à l'intérieur duquel les gaz chauds s'échappent en fournissant l'énergie nécessaire pour la propulsion d'un engin.

VOILURE

Ensemble des surfaces portantes d'un avion (ailes et empennage). Sur un parachute, c'est la surface de sa toile et pour un hélicoptère, ses pales ; dans ce dernier cas, on parlera de voilure tournante.

INDEX